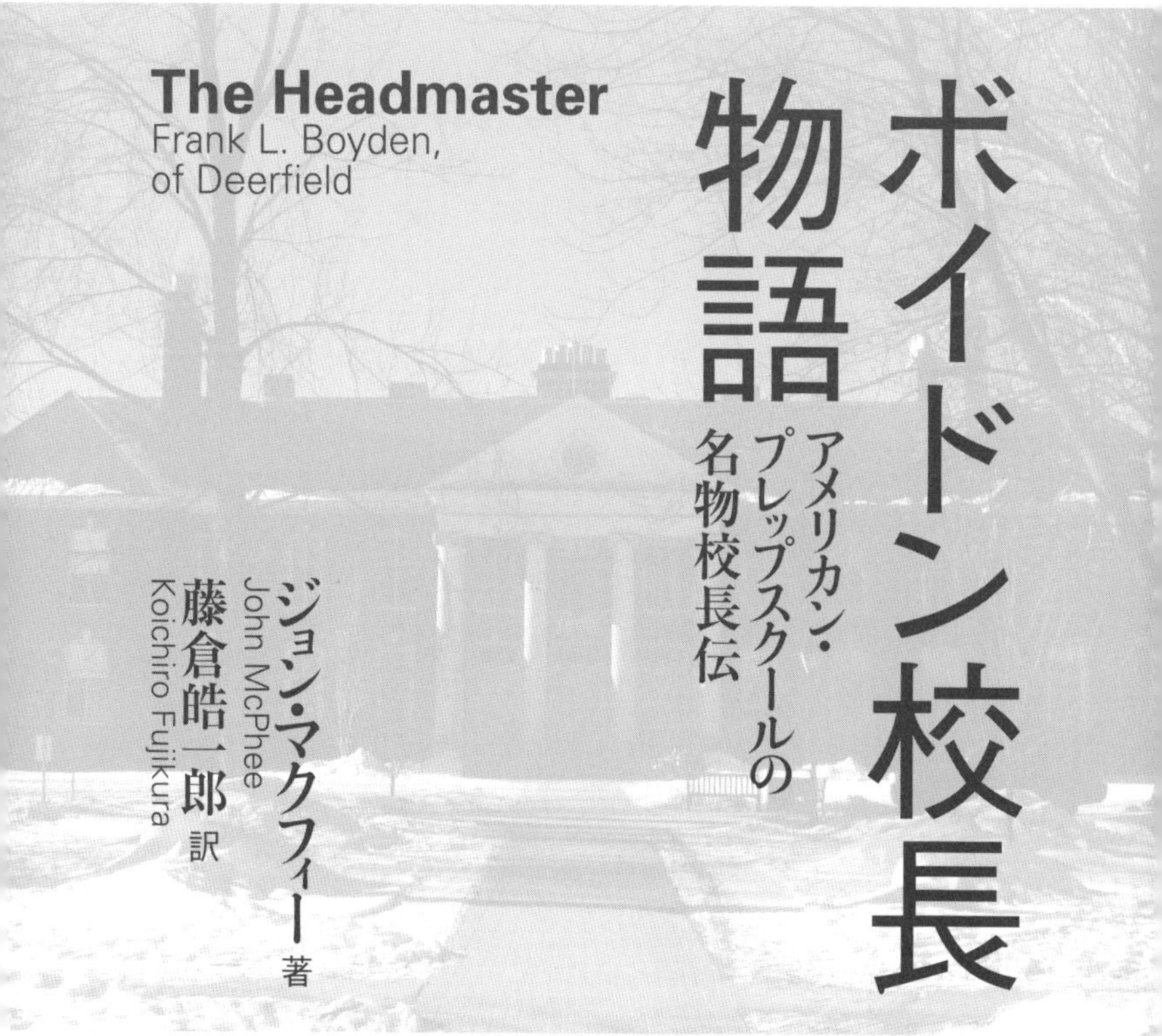

ボイドン校長物語

The Headmaster
Frank L. Boyden,
of Deerfield

アメリカン・プレップスクールの名物校長伝

ジョン・マクフィー 著
John McPhee

藤倉皓一郎 訳
Koichiro Fujikura

ナカニシヤ出版

著者まえがき

この本は一九六五年の終わりから一九六六年の初めにかけて書かれた。そして最初に出版されたのは一九六六年の三月のニューヨーカー誌上であった。伝記としては短く、普通の伝記の三分の一ほどの長さであるが、固有のスタイルをもち、ある時代にその時代そのものから見たという強みをもった一種のポートレイトともいえよう。読者にはデアフィールド・アカデミィの八六歳になったばかりのフランク・L・ボイドン校長の生活や、彼の学校の歴史が細かい構成要素となっている絵を見ているように感じていただきたい。物語の大部分は、特に、最後の一番長い章は現在形で書かれているが、そのままにしておきたい。なぜなら、なににも増して、校長のきびきびした動きをつかみとり、再現したかったからである。

ジョン・マクフィー

目次

目　次

マサチューセッツ州デアフィールド（1902 年）: Deerfield Academy

1

廃校寸前から最高クラスの名門校へ

デアフィールド校の新校長になるフランク・リアロイド・ボイドンがデアフィールド駅に下りたとき、彼はまだ二二歳だった。はじめて坂を下って街中へと歩いていく道すがら、彼はロングスカートの女性たち、ペチコートの少女たち、長袖シャツに山高帽の少年たちに会釈しながら進んでいった。マサチューセッツ州デアフィールドは基本的に一本の通り――北から南の突き当たりまで一マイル（約一・六キロメートル）――で日陰が深いので、日中でも馬車の轍の跡は一〇〇ヤード（約九一・四メートル）も離れると見えなくなった。通りが舗装されるのはその二〇年後であり、電線が引かれるのは六年後だ。二〇〇年前に建てられた家々は農家だった。うち何軒かは少し傾き、屋根板が剥がれ落ちていた。村はまあ豊かながら、多くの家はわずかに傾いているようだった。デアフィールド校は、地元の公立学校で、できる限り日ざしを遮るように設計されたとみえる地味な赤レンガの建物だった。一世紀まえには学校に一〇〇人を超える生徒がいたが、いまやわずか一四人の男女生徒が新学期に向けて在籍登録しているだけで、そのうち二人が最上級生だった（一二一頁の写真を参照）。

ある点では、この衰退ぶりはボイドンを落胆させることではなかった。彼はできるだけ早くデアフィールドをあとにしようと望んでいた。ロー・スクールへ進み、いずれ政治の世界に進みたかったからである。彼は二ヶ月前にアーモスト大学を卒業したばかりであった。彼はデアフィールドの人々が彼の同級生たちに校長にならないかともち掛けたのを知っていたが、自分がこの仕事を得るという自信があった。なぜなら彼が唯一の応募者だったからである。彼は金がなかった。デアフィールドの年俸は八〇〇ドルである。ロー・スクールの学資のために、彼はそのほとんど全てを貯金するつもりであった。彼はエフライム・ウイリアムズの白い木造の家の扉を叩いた。同氏は学校の理事であり、ウイリアムズ大学[訳注1]の創始者の子孫である。「ウイリアムズさん、私はフランク・ボイドンです」と彼は言った。その日は一九〇二年八月一二日火曜日であった。外の気温は華氏九〇（摂氏三二・二）度近かった。しかし、退役騎兵将校で隻脚でセイウチヒゲのエフライム・ウイリアムズは燃え盛る暖炉を背に入口の応接間に立っていた。彼は片腕にショールをかけ、片手に扇を持っていた。そして、いつ悪寒や熱に襲われるか分からないのでそうしているのだと説明した。この雰囲気のなかでボイドンは他の理事たちとも会った。その一人が「学校が新校長を雇うか葬儀屋を雇うかは五分五分だ」と言った。正直なところボイドンを雇うか閉校するか分からないが、もし仕事を欲しいのなら雇ってもいいと彼らは言った。

　その間、村の店では暇な村人がボイドンの品定めをしていた。ここしばらくの間に彼らは多くの新校長を目にしてきており、そして今回のは村人にさっぱり印象が薄かったが、それはデアフィールドの町がボイドンにとって印象が薄かったのと同じである。一つには彼は五フィート四インチ（約一六二・六センチメートル）の背丈しかなかったことがある。頭髪を真ん中から分け、縁なしメガネを掛けた彼は威厳はあったが力強さはなかった。この州のこの辺りの少年たちは学校の先生を担ぎ上げ窓から放り出すことで知られていた。その日に店にいた一人が言ったことは今でも語り継がれている。「奴らがあの若者をここから追い出すまでにそう長くはかかるまい」。その情景の中で今に残っているものは何もない――店そのものもなくなった。しかし通りを行けば、かつてエフライム・ウイリアムズの所有していた白い木造の家があり、今はデアフィールド校の校長が住んでいる。彼は六四年間にわたって校長をやっている。

校長のボイドンは最初の四〇年か五〇年の間、学校の特徴を作りあげることに集中した。デアフィールド校がアメリカの独立学校の中で最上位に位置するようになった後でも、生徒は農家を改修した家に住み土曜日の夜に映画を納屋で見た。ニューイングランドのプレップ・スクールのいくつかは英国のパブリック・スクールを模倣して創られたが、[訳注2] デアフィールド校はデアフィールドという土地生えぬきの学校である。

［訳注1］アーモスト大学は一八二一年、ウィリアムズ大学は一七九三年に創設され、どちらもマサチューセッツ州西部にあり、アメリカの私立リベラルアーツ・カレッジのトップクラスとみなされている。同志社大学の創立者である新島襄は、アーモスト大学を一八七〇年に卒業した。

［訳注2］英国のパブリック・スクールは、近年、共学へと移行しているがエリート大学への進学を希望する一三歳から一八歳までの生徒が通う寄宿制の男子向けの進学高校を指した。アメリカではこの「パブリック・スクール」に相当する中学・高等学校のことを「プレップ・スクール」と呼ぶ。英国ではプレップ・スクールをパブリックスクールを受験する生徒の通う小学校（アメリカではプレ・プレップスクールと呼ぶ）として位置づけているので注意が必要である。

る。ボイドンは二〇年経ってから寄宿部を加え、それ以来、彼はデアフィールド校が徐々に地方校から全国校へ発展するなかで、その特色からデアフィールド校を切り離さないように努めてきた。金持ちや有名人の息子が競って入学を求めてくる。デアフィールド校はその多くを入学させている。しかし、例えば、アンドヴァー、エクセター、ロウレンスヴィル、ホッチキス、ヒル、ケント、チョート、グロトン、セント・マークス、セント・ポールに比べて、さらにいえば、他の主要なプレップ・スクールのどこと比べても、奨学生の割合はデアフィールド校が高い。デアフィールド校の奨学金の平均額は他のほとんど全ての学校の奨学金額よりも高い。そして地元の少年たちはいまだに無償でデアフィールド校に通っている。ボイドンは今や志願者の上位一〇パーセントから入学者を選べる立場にあり、この点で、競争相手はアンドヴァーとエクセターがあるにすぎない。しかし、彼はかつてはデアフィールドの町からでさえ生徒をえることに苦労した。借りた馬車を走らせて、彼はポクムタック渓谷の周辺の農地を回り農家の少年と話して学校へ行くよう説得した。収穫期には休みを与えると約束し、場合によっては替わりの人手を雇う費用を払った。このやり方で彼は二〇年以上も生徒を勧誘し続け、そしてロー・スクールへ行くために蓄えた自分の貯金の多くを、繰り返し気前よく与えた。それでも夜には法律の勉強を続け、四十代の終わりになるまで教育を生涯の職とするつもりはなかった。彼の学校は自然に、着実に、しかも驚くほど、発展した。彼には何の計画も何の理論もなかったが、彼は天性の教育者だということが明らかになった。大学の教授や学長が彼の仕事を知るようになり息子を彼に託すようになった。他の人たちも同じことをした。一九三〇年代の後半までには、彼が史上もっとも偉大な校長の一人だということが明らかになり、長年にわたって、間違いなく、この種の人物の最後と目されている。

　彼は高潔な独裁者たちの系譜の終わりに近いところにいた。実際に学校を創設したかどうかに関わらず、自分のエネルギーを注いで学校を創り、自分の絶対的なルールの下に維持し、その人格を永久に学校に刻印した人たちである。その原型は、ラグビー校のトーマス・アーノルドだ。合衆国では、フランク・ボイドンは伝統を継ぐ校長グループのもっとも若いメンバーで、そのグループはグロトン校のエンディコット・ピイボディ、ケント校のシル神父、タフト校のホレイス・タフト、セント・ポール校のサミュエル・ドリューリ、チョート校のジョージ・C・セントジョン、アンドヴァー校のアルフレッド・スターンズ、そしてエクセター校のルイス・ペリーから成っていた。ボイドンの他はすでにおらず、場合によってはその後継者もこの世にいない。一方でデアフィールドのボイドンの下で実に多くの若い校長が育ってきている。現在、アメリカのプレップ・スクールの二九校で、デアフィールドの教師か生徒だった人が校長をしている。ボイドンによって同様に訓練された校長の何人かはすでに、務めを終えて引退している。しかし、マサチューセッツ西部の地では、八六歳のフランク・ボイドンが見たところすこしの衰えもなく、仕事を続けている。彼の権限のほんのすこしを教授陣と分担し、彼の運動チームと遠征し、学校に興味をしめす少年と親に面談し、日曜の夕拝を指揮し、一日に七〇通もの手紙を書き、新築する建物の細部を計画し、週末に家へ帰る生徒に向って、「年寄りの旅行者」に親切にするよう注意し、電動のゴルフカートを運転してキャンパスを見回り、毎日朝七時から夜中まで働いている。地面に紙切れがあるのを見れば、車を飛び降りて拾う。彼は自分の学校のありさまについて妥協しない。校地は最近になってやっと評判に相応しいものとなってきた。新しい学校の建物は村の一八世紀の家並と調和するように計画された——長年の間に学校はその多くを買い取っていた。あわせると村の三三軒の古い家が保存されている。その二、三は寄宿舎として使われている。他の家の通りに面する部屋はアメリカの歴史を記念する展示室に、裏側は教師用のアパートに改装された。自治体の博物館として、デアフィールドはヴァージニアのウイリアムズバーグのような性格と重要性をもっている。違いはウイリアムズバーグの建物のほとんどが複製だが、デアフィールドの家々はオリジナルだということである。

デアフィールドの通りは一九〇二年のままの静かな一マイルである。農民が道沿いに住んでいる。昔の、日の差さない校舎があった場所にデアフィールド校の中心の建物があり、そのまわりと少し離れたところに一九の建物——教室、寄宿舎、実験棟、体育館、大食堂、ホッケー・リンク、病院、劇場、美術館がある。学校は、谷を流れるデアフィールド川が古い時代に方向を変えたときにできた半島のような堆積地にある。三面は急な傾斜で下の土地へ続き、そこには多分七五エーカー（約三〇・四ヘクタール）もある運動場がある。東側と西側に小高い丘があり、そこからは北と南に向かって農場とタバコ納屋の遠景が望める。学校の場所としてこれより美しいところを、あるいは、その場所にこれより魅力的な学校を想像するのは難しい。だが、信じがたいのは、その全てが——目に見える実体も目に見えない本質も——一人の男によって培われたことである。

2

校長らしくない校長

初めて校長に会った人はしばしば、予想していた人物とは違うと思う。デアフィールド村にしばらくでも逗留した人はすぐそこが王国であり、ゴルフカートに乗った小柄な人が国王だということに気づくだろう。しかし、彼に会ったことがなくいかに偉大かという評判をきいているだけの訪問者は、校長は背が高い白髪の慈父だと思い込んでいる。紙くずを拾っている校長を見る人はそれが彼の仕事だと思う。何年か前、構内の古い家の外で、女性の一群に出会った校長は家の中にまねき入れ、古風な部屋を案内した。出て行くときに一人が二五セントのチップを校長に渡した。ときどき人は彼に気づかず通りすぎる。ある時、誰かが立ち止まり、ふり返って言った。「すみません、ボイドンさん、あなただと分かりませんでした」。「かまわんよ」、校長が応えた。「誰も気づきやしないから」。彼はこのような挿話を好む。たぶんひとつには、教師や生徒たちを煙に捲く助けになるからだろう。いかにもそうでなければ、これほど目立たない人がどうして全共同体を掌に乗せて扱うことができようか。挿話が伝えられると、彼の表情はよろこびで輝く。彼はあらゆることを一つの方式で判定する。学校のために良いことは良いことである。彼が見ばえのするデアフィールド校の教師と歩いていると、よそからきた人が「あれは誰ですか」と尋ねた。

「あれは校長ですよ」

「そう、それで校長と一緒にいる小さい人は誰です」

ボイドンは四歳のとき老けて見え、大学のときはさらに老けて見え、一九二〇年代にはなお老けて見えた。しかし、いまの彼はとくに老けたようには全く見えない。髪の毛は白ではなく瓦のような灰色である。物腰は四〇年間変わらず、小さな機嫌のよくないラブラドール犬を思わせる。ときどき、彼は灰色のズボンに濃紺のジャケットを着て、茶色のコードバン靴を穿く——この服装は大学生じみて、わずかに年をとったしるしととれるかも知れない。何十年も栗色のネクタイをつけて濃紺のウーステッド（梳毛《そもう》織物）上下を冬も夏も着てぼろぼろになってはじめて次のスーツを買った。今着ている上着のポケットの一つには四インチのかぎ裂きがあり、黒糸で繕ってあるが彼は気にしない。彼はまったく人目を気にしない人である。学校の階段に疵が見つかると、彼はすぐ営繕係に連絡して知らせる。しかし、このような関心は完全に学校に向けられている。ある七月の涼しい朝、起き出して、ヒビだらけで裏の羊皮がボロボロになった皮の上着を着て、ニューヨークに行き、一日中そのまま茹だるような市中を動きま

ボイドン校長
：Hanson Carrol 撮影

わったことがあった。八六年たって彼の唯一の不自由は聴力の低下である。彼は「耳が働かない」と言うが、人があふれている部屋の中に入って、聞き漏らすことは一言もないかのようにふるまう。彼は自分の好みをいうことはない。なんでも食べる。そして食事の中身が何かを気にとめない。彼が分かるのは、ときどき朝食にとるルートビール（ノンアルコールの炭酸飲料）と動物のかたちのクラッカーである。彼はハーヴァード、イェール、プリンストン、その他一七の大学から名誉博士号を授与されているが、ボイドン博士と呼ばれたいという気持ちは毛筋ほどもない。そして、消しゴムのセールスマンか、息子が学校に出願している誰かさんでもなければ、彼をそう呼ぶ人はいない。

「何かをやってしまうためだけの決定をしてはいけない」と、校長は言う。そして彼を衝動的だと非難する人はいない。教務主任は言う。「彼は無限大の英知をもっていて、それが実に癪にさわる。しかし、彼をよく知り、重要な決断に直面した人は彼に相談する」。もちろん、このことは生徒にもあてはまる。彼らは夏休みにも校長に連絡する。大学に入ってからも電話をかける。年輩になっても、選挙に出たものかどうか相談する。会話の間、校長は全神経を集中する能力と、また話されるほとんどあらゆることの意味を理解する感覚をもっている。このやり方で、彼は数千人の人びとに特に彼らのためを思っていると信じ込ませるのだ。実際そうなのである。彼はめったに自制心を失うことはないが、批判を受け入れる容量は大きくない。彼の誇りは、狭い、私的な意味のものではない。彼の誇りは彼の学校への誇りであり、学校のために何が最善かを知っているという自信に基づくものである。彼は学校に没頭しており、学校以外の彼はないのだ。フロリダでの休暇中に、彼は紺のウーステッドのスーツを着て、デアフィールド校を援助してくれる金持を探し歩く。彼は海辺に行くことはない。あるとき彼は、（フロリダ州）パームビーチ郡のブレイカーズ（ホテル）のロビーに座って、デアフィールド年鑑を読んでいるのを見られたことがある。彼はその単純素朴さで知られており、それを自ら磨いていた。彼は最上の意味で、素朴な人であり、その生涯を素朴な理想に基づいて学校を作ることに専心してきた。しかし複雑な人だけが彼の行ったことをなしえたのであり、実際の場面で、彼はパラドックスと策略にみちている。古くからいる教師たちは、さまざまな会話の中で、校長のことを「偉大な人道主義者」、「非情な」、「忠実な」、「封建的」、「仁愛の」、「感謝の念のある」、「気取りのない」、「短気な」、「落ち着かない」、「考え深い」、「考えのない」、「利己的な」、「私情のない」、「頑固な」、「見る目のある」、「直感的な」、「不可解な」などと評する――が互いの意見が食い違うことはない。校長は自身をどう見ているか、二人いる息子の一人によれば、彼は「つぶれない、ぐらつかない」ということである。

3

校長先生の天分

ボイドンには敬意を表される天分があった。彼は弱々しく見え、その声は命令調ではないが、人びとは彼の言う通りにする。この特質がなければ、彼は就任した初日に学校を失っただろう。一九〇二年の秋に学校を引き受けたとき、七人の男子生徒がいたなかで、すくなくとも四人は人々に怖れられていた。その前の一、二年間、デアフィールドの住人は学校に近づくときは通りの反対側を歩くのが習慣になっていた。ボイドンの問題は複雑だった。理事の一人が強く閉校を望んでいて、新校長をすみやかにつぶすよう、これらの少年たちに実際に働きかけていたからである。少年たちは平均して校長よりも頭一つ背が高く三〇ポンドは重かった。第一日は危機なしに過ぎた。生徒が下校しようとしているときに、ボイドンが「さあ、フットボールをやろう」と言った。スポーツは、それまで学校のプログラムの一部ではなかった。村の広場での試合で、少年たちははじめは面白がり、珍しさに興味をもったが、すぐに卑猥《ひわい》な罵《のの》りあいになった。不快な表情で校長は「やめろ！」と言った。それだけしか言わなかったのに、説明しがたいことに、それで事態は収まった。

ボイドン着任当時のデアフィールド校の少年少女：Deerfield Academy

数日後、少年の一人が校長にそとに出てキャッチボールをしませんかと聞いた。二人は学校の芝生に出て、五〇フィートほど離れて立った。少年は振りかぶって校長に剛速球を投げつけた。殺すつもりでもあるように。ボイドンはボールを受け全力で投げ返した。しばらく投げ合いがつづき、残りの生徒は見物に集った。校長と少年は互いに全力を傾けて投げ合った。少年がついに降参した。「もちろん、私はグローブをはめていて、彼ははめていなかった」と校長は言う。彼はこのようなあとだしの一言を加える名人だった。

彼は少年を制御し育成する一つの方法として、他のことと並んで、運動競技を信奉しており、生徒の全員に年間を通して参加することを求めた。この考えは一九〇二年には斬新な教育法だった。彼は他校との試合を組み、デアフィールド校にはフットボールや野球のチームを編成するだけの数の生徒がいなかったので、校長自身がチームの一員となった。彼はデアフィールドの初代のクォーターバックであった。彼は鼻骨を二回も折った。ある試合で彼がボールを取り、右側を抜こうとしたが、相手の守りのハーフバックが彼をサイドラインへ追い詰め、担ぎ上げて、そして――これは前進ルールが採択される何年も前である――デアフィールドのエンドゾーンまで運び、地面に放り出した。彼は野球の方はずっとましだった。その短躯にもかかわらず一塁を守った。彼は打撃にすぐれていて、当時のグリーンフィールド・スプリングフィールド・ノースハンプトンの各新聞には「ボイドン四打席三安打、デアフィールド校がアソール校を二対〇で破る」といった見出しの記事がある。スポーツにおいて、学校を手中に治め、また、スポーツを通して彼はその地に根ざした個人的な絆を育てたのである。チームメイトは彼に心酔した。はじめの敵意は支持に変わった。校長は彼らの助けなしには学校は存続できないことを生徒に信じさせ、また生徒は校長と同じくらい学校の存続を望んでいることを発見したのである。アームズ校での試合で、校長は高いファールフライを追いかけ、煉瓦塀の二フィートまえで捕球して塀と激突し一時意識を失って地面に倒れた。少年たちは校長に家に帰って休んだ方がいい、心配ないからと言い、校長不在中、学校ではなんの問題も起こさないからと告げた。

校長のすぐ後でミス・ミニイ・ホークスが教師として雇われ、ドイツ語と幾何を教え、校長は代数と自然地理学（physical geography）を教えた。彼はよく教室に石を持ち込み、教卓に置き、生徒にその石について知っていることを全て書き留めるよう言った。しかし、彼は事実よりも意味についてもっと興味をもっていた。彼の精神はすぐ科学から離れて行動に移った。「君たちはもはや子どもではない」と彼は言う。

「君たちはこの村を動かす人物になるんだ」。彼は毎朝生徒に聖書の短い箇所を読み聞かせた。徐々に、教師の数を増やし、彼自身教室で教えることを減らした。彼は堅実な教授陣を集め、そのメンバーに思うとおり教える自由を与えた。彼自身の特色は学力の養成よりも徳育にあった。生徒たちとの密接な関係は他に例をみないものである。デアフィールド校の生徒の特性としては校長が六〇年にわたって彼らの中に目覚めさせた高い倫理的感性をあげることができる。この点にこそ彼の偉大さがある。初めから生徒の学力を伸ばすことのみならず、社会生活、レクリエーション、宗教的義務についても彼は責任を負った。ダンスを主催し、ダンスカードを準備し、相手を欠くものがないように、自分でカードに記入した。ダンスの終了後、彼はグリーンフィールドーノースハンプトン間の電車に少年、少女と乗り、各人が正しい住所で下車するまで見守った。それが終電車の時には、家まで六マイルの道を歩いて帰った。彼は生徒を疲れきるまで働かせることを信条とした。彼らは溝を掘り、蜂の巣箱、産卵箱、手押し車を作り、また斧を振い、横引き鋸を引いて丸太を切り運動用具用のロッカーを作った。

（着任した）最初の年に、彼は本館の入口を入ったところのラジエータの脇にカードテーブルを置いた。これが彼の部屋であった。他に校長室にする部屋がなかったわけではなく、彼は学校で行われるあらゆることのただ中に身を置きたかったのである。何年も後に、現在の本館が建つときに、校長は設計者に一階中央通路——学校中でもっとも通行量の大きいところ——に広い場所をとらせて、そこに彼の机を置いた。机は今もそこにある。彼は口述、電話、面会をしながら、授業ごとに移動する生徒を観察する。彼には問題を見つけるするどい目がある。生徒全体の雰囲気がよくなければ、彼はそれを察知する。少年の誰かが悩んでいれば、校長はその顔色を見れば分かる。彼は話し合う口実を設けて、少年を呼び止め何を悩んでいるのか聞き、なんらかの解決策をとろうとする。校長は学校と教育事業への官僚制の浸透にもかかわらず、また彼の学校の拡大する規模にもかかわらず、家族的な教育手法を維持してきた。彼は早い時期に、二八人の生徒を一四人と同じように、そして、五六人を二八人と同じように容易く扱えることを発見した。そして、それは一九四〇年代後半に五〇〇人を越えるまで続いた。生徒数はそのレヴェルで止まった。「五〇〇人まではなんとかなる」、彼は言う。「もう一〇〇人増えたらそうはいかなくなるだろう」。

多くの学校には印刷された細かい規則のリストがある。そして違反した生徒は処罰されるか、退校させられる。そこそこの退学率はプレップ・スクールでは当たり前のことである。デアフィールド校には印刷された規則も処罰の等級もない。校長は六四年間にわずか五人の少年を退校させただけである。「一つの馬鹿げた誤りのために、少年が生涯消えない刻印を押されるべきではない」、と校長は言う。「ある学校には三〇頁にわたる校則がある。そういう制度には柔軟性がない。私は他の人よりも、すこし長く見守ろうとする。道徳に反しない限りはね。三人子どものいる家族で問題を抱えていないところはない。だから、五〇〇人いれば問題はある。沢山の規則を定めても、規則をつくった対象に的中するためしがない。ある規則を定めた二時間後にはもうそれを変えたいと思うかもしれない。ここには不文の規則があるが、それを強制するよりも例外を認めることの方が多い。私はいつもロバート・E・リーがワシントン大学――現在のワシントン・リー大学――の学長であったとき言った言葉を思い出す。彼は言った。「どんな規則よりも一人の少年の方が重要である」。少年のどんなグループであれ、その九〇パーセントは一線をこえることはない。中核としての九〇パーセントがなければならない。次の問題は残りの何名を吸収できるかということになる」。

デアフィールド校に校則がないといっても、それは少年が本能に従って思うさまふるまえる場所であるというのではない。デアフィールド校は、メッキされた鳥籠であるといわれている。たぶん当っているであろう。エクセターやアンドヴァーのような学校とデアフィールド校の基本的な違いは、エクセターとアンドヴァーでは学校生活の一定の規則を定め、独立と自立とを教える意図的な努力をしていることである。その上で規則にもとづいて、自分の足で歩くか倒れるかを生徒自らに任せる。エクセターとアンドヴァーでは、生徒は定められた限度内で授業を欠席してもよい。また自分の時間と呼べるものを与えられている。デアフィールドでは日曜日には数時間の自由時間があるが、生徒の時間のほとんどはプログラムされており、つねに出席がとられている。ボイドン校長のエクセターとアンドヴァーに対する尊敬は相当なものである。彼はアンドヴァーの校長と交わした会話を好んで引用する。その校長は言った。「あなたが正しいのかも知れない。われわれが正しいのかも知れない。どちらの学校も必要である」。アンドヴァーとエクセターは、行く手に控える大学生活を見越して、そこで生徒がもつことになる自由に備えて、彼らがそれを享受できるよう、苦しまないよう仕向ける。ボイドンは、生徒が生涯のこの時点でこそ中等教育における鍛錬を必要とし、入る前に大学と同じことをする意味はない、と信じている。「少年は安心感を必要とする」と彼は言う。「処分なしの鍛錬はその安心感を高める。人々はこのことにあまり気づいていないが、少年はどこかで制約を好む。われわれは、彼らに制約された自由とでも呼ぶものを与えようとしている。

われわれは古い練磨育成の最後の砦だ。われわれは新しいことにも興味があるが、しかし、私は基本を捨てるようなことはしない」。

デアフィールド校の新入生は、すぐに、自分が持ち分を果たさないかぎり動いて行かない、何かの一部であるという考えを胸に刻みつけられる。校長はたいていの両親よりも、このような気持を生徒の中に強く起こさせることができる。全ての生徒は自らの位置を展開させる平等の場を与えられる。奨学生にも食卓に食事を配るというような特別の義務があるわけではない。誰もがその役割をはたす。事実、校長は奨学生に奨学金を得ていることを教えるなという。彼の築こうとしている平等感が損なわれるかもしれないからである。教育理論家たちがほとんど何もないところからここまで目覚ましく発展した彼の学校に、好奇心を抱いてしばしば訪れる。デアフィールド校に数日間滞在した一人の研究者は最後に言った。「ここにはなんのシステムもない。しかし、この学校はちゃんと機能している」。こうした人たちは、フランク・ボイドンが彼らにとって謎であるのと同じくらい校長にとって謎である。「われわれが何か立派な方法をもっていると考えて、ここにやってくる」と校長は言う。「われわれはただ生徒に何かを期待しているように生徒を扱い、そして生徒をたえず忙しくさせる。われわれのやることの多くはただただ実在するもので理論ではない。生徒は日常生活を続けている。私は大部分の生徒にわれわれが彼らに望むやりかたで、ものごとを行うことを期待している。われわれは軽く手綱をにぎって走っているが、必要とあればいつでも引き締めることができる。問題が起これば、その度に対処するだけだ」。

熟練した手法をもつ校長は、しばしば問題が生じる前に防止できる。校長は生徒のグループの騒音レヴェルに耳を傾け、落ち着きのなさの程度を見る。彼はこうしたことを本の頁に印刷されていることであるかのように読みとることができる。彼が全校の集会を信じる理由の一つはここにある。「すくなくとも日に一度は一つのまとまりとして生徒を集めなければならない。日に一度は家族が顔を合わせるように」と彼は言う。夕べの集会はデアフィールド校の一つの慣習である。生徒は講堂に接する部屋の大きな敷物の上に座り、アナウンスメントを聞く。ことによると、校長からの挿話や運動試合や他の活動の報告などを聞く。「今日の午後、中級Bフットボールはホリヨーク高校中級代表を六対〇で破った」と中級Bフットボールのコーチが報告する。「チャーリィ・ヒラーが試合の残り時間二分のところでタッチダウンを上げた」。拍手が起こり、まだ低いレベルのこの選手は面目をほどこし、そして学校も同様に誇りを得る。日曜の夕方には夕礼拝があるか、歌集会と呼ばれるものがある。生徒はつぎつぎと賛美歌を歌いその合間に、招かれた牧師か教育者の短い話が入る。生徒の声の輝き、また、その不足によって、校長は次の週の生徒全体の雰囲気をはかるのである。それにもとづいて、つづく日々の夕べの集会で、生徒を叱り、励まし、喜ばせ、発破をかける。彼はいくつかある指針の一つを選び発言を繰り返す――「高い水準を保て」、「動き回れ」、「力強くやりとげろ」――校長が使うこうした表現は、あまりにも繰り返され、また効果的であるので、デアフィールド校卒業生の心の中に学校を去ったあとも長く響きつづけるのである。「彼には手首をわずかにひねるだけで全共同体を動かす技がある」と教師の一人は述べている。

全ての懲戒は一人ひとりの生徒と校長との間の個人的な問題として決着する。生徒の大部分はもし校長の気持ちを傷つけるようなことをしたとすれば、悪かったと感じる。彼の偉大な先達といえる、ラグビー校のアーノルドとは違って、彼は生徒たちが天敵であるなどとは思っていない。反対に、校長は自分は完璧であるが彼らの助けがなければやって行けないと生徒たちに信じ込ませている。一九一九年の卒業生だった近郊の農夫は言う。「何か悪いことをしそうになると、校長を深く傷つけることが分かるので、やめておこうと思う。彼には二四時間我々をコントロールする力がある」。一九二八年のある卒業生はいう。「校長に本当のことを話す限り、あなたが何をしたかは問題ではない」。そして一九四〇年の卒業生はいう。「校長の評価が下がるからという理由で、よくないことは、どんなことであれしなかった」。彼は問題のある生徒に第二、第三、第四、第五、そして、必要であれば第六のチャンスを与える。ときに残りの生徒たちがシニカルになっていても、校長は諦めない。「私なら（当時の）自分自身を放り出しただろう」と、三年生の時とても反抗的だった、一九五〇年代初期の卒業生は言う。校長は彼を退学させる十分な理由があり、他のどの学校でもためらうことなくそうしただろう。しかしボイドンは彼を卒業させ、プリンストンへ進学させ、その若者が問題を起こしたこともすっかり忘れている。ボイドンは悪意を抱くことができない。彼は問題について話し合ったあとは忘れる。校長は自分の寛容が引き起こす効果についても心を配っているので、ときにはリスクを冒して生徒全員を集め、その理解を求める。一人の生徒が他校からの帰りのバスのなかでウイスキーの五分の一ほどを空け、通路でよろめき、倒れて顔を打ち、嘔吐したことがあった。校長は全校集会を開き、学校全体の規律のために、この生徒を退学させなければならない。但し、この種の出来事が再び起こることはないと、君たちが保証するなら、そうしないと告げた。校長が弱腰であるとは誰も考えなかったので、彼の思惑通りになった。人々は一体全体、校長が実際に生徒を見放すことがあるのだろうかと思う。そこで、彼が処分を下した五件がとくに注目を引く。その全てに共通の要素がある。行為者が反省しなかったことである。その一人は放火を含む一九件の非行があった。それでも彼が校長に自分の誤りを認めていたら、学校にとどまることができたであろう。

ある時、相当の才能をもつ生徒が校長に自分は英語（学科目。日本の「国語」にあたる）のペーパーを真夜中から明け方の間でしか書けないと告げた。彼の霊感は他の時刻には現れてこないのだという。問題は少年のインスピレーションが去ったあと、本人はたまらない眠気に襲われて、午前中の授業に出られなくなることである。全ての天才と同じように、この少年を真似る生徒が続出しそうだった。校長は全校生徒に告げた。「君たちはマクファレルが英語のペーパーを書くために徹夜するのを認めるか？」と彼は尋ねた。「マクファレルだけを」生徒たちは同意した。

しばしば校長は変わった生徒のためにあやうい立場に立つことになる。二人の生徒――マクファレルの芸術家版のような生徒――がいて、絵を描くことが好きで、ことに夜外に出て、夜景画を描くのが好きだった。彼らは月光に照らされた墓地を描き、街灯の光が辛うじてとどく古い家を描いた。校長はこのことを知っていたが、見逃していた。校長が好んだのはつねに責任感があり、複雑でない、優れた運動選手であった。そして彼は芸術についてはくわしくなかったし、関心がなかった。しかし、彼なりに、この二人の生徒にとっては、まさにふさわしい校長だった。「私のようなデアフィールド校らしくない人間にとっても、彼は理解がありおもいやりがあった」と、そのうちの一人で、現在のプリンストン大学グラフィック・アートの責任者は語っている。「校長は辛抱づよく、そして――なんといえばよいのか――信じられないぐらい賢明なやり方で私に対してくれた」。

初期のデアフィールド校の生徒たちの何人かは、小さな非行を長い間繰り返し、それらが全て察知されていないと信じていた。ところが、ついに、校長がそうした少年を呼び止め、小さなノートブックを取り出して、入学した初日からの悪行の全てを読み聞かせた。長年にわたって、校長は深夜、警備員のように構内を巡回した。一九三〇年代の終わりまで、彼は全ての寄宿舎の全ての部屋を自習時間に毎晩まわった。その後、彼はスポット訪問に切り替えた。彼は夜に生徒に悪い知らせはしない。脅かすこともない。彼はひそかに恥じ入らせる。好意的な扱いを与えるというよりは、交換する場合が多い。もし生徒が何かを彼に求めるなら、それと引き換えに彼も何かを頼む。生徒会もなければ、デアフィールド校の運営を助ける教師の委員会もない。校長はそうしたものを必要としない。卒業式の前夜に卒業生の代表が選挙される。現在、在学中の生徒もどのみち生徒会を望まないという。それはどこでも意味のないものになっていると感じるからである。

4

校長先生のスポーツ教育

全生徒のための運動競技という原則は、ボイドンの学校プログラムの重要な要素となっていて、今日、デアフィールド校はこの点で群を抜いている。かつて一チームを編成する生徒さえいなかったのが、現在五〇〇人全てがチームに所属している。デアフィールド校の少年はある競技を選ぶと、自動的にチームの一員となり、他校との対校試合の忙しいスケジュールをこなすことになる。例えば、デアフィールド校は通常すくなくても八つのバスケットボール・チームがあり、それぞれ試合用ユニフォーム、遠征試合、代表チームとして競技するためのその他の必要なものを与えられる。このことはサッカー、野球、フットボール、テニス、ラクロス、ホッケー、スカッシュ、水泳、スキー、陸上、クロスカントリーについても同じである。ほとんど例外なしに、デアフィールド校の生徒は一年に三つの競技に参加するよう求められる。どの競技にもチーム数は定められていない。生徒の選択によって、ある年にはフットボール・チームの数が増え、次の年にはサッカー・チームの数が増えたりする。デアフィールド校はそれなりの数のスター選手を出している。しかし、デアフィールド校には必ずしも偉大な選手が育つような雰囲気はない。校長の

デアフィールド校の野球チーム（1911年）右上にボイドンがいる。
: Deerfield Academy

スポーツについての信念は、全てのことには（適切な）時と場所があるという、もう一つの信念を超えるのものではない。デアフィールド校の選手は練習のために余分の時間を与えられないし、シーズン以外のスポーツの練習も認められない。秋学期と春学期にはバスケット・コートは施錠され、バスケットは実際に板から取り外される。

草創期に、校長が競技に加わるとデアフィールド・チームにとって不利になることもあった。あるとき、野球の牽制の状況で、校長は投手からの牽制球を受けタッチしようとしたが、相手の選手はそれをかい潜って滑り込んだ。「アウト」と審判は叫んだ。野球の選手なら誰でも幸運だと喜ぶところであろう。しかし、校長は審判に相手は実際はセーフだったと告げずにはいられなかった。最初から、彼は生徒にスポーツマンシップを教えようとしていたのである。その頃を覚えている人によると、校長はその地域において運動競技に礼節を強調した初めての人間であったという。「彼らが他のことに関心をもってほしいとも思う」、当時、校長は言った。「しかし、現状には直面しなければならない。どちらにしても、生徒は運動競技をするのだから、それで彼らをコントロールし、道徳の力に変えよう」。デアフィールド校の選手はどれほどすぐれ、試合が緊迫していても、その選手が怒りをあらわにすればベンチに下げられた。ガード中のバスケットボールの選手が相手選手に少しでも敵愾《てきがい》心をあらわした場合――「やってみろよ、シュートしてみろよ」と言うぐらいの軽口でも――交替させられた。デアフィールド校は運動競技でも知られるようになった。校長は最初から彼のチームが洗練された姿と完璧な装備をもつことを求めた。はじめの頃、彼は給料のすくなくとも三分の一を競技の用具に注ぎ込んだ。村のある婦人が学校への寄付を申し出たときに、校長はそれで野球チームのユニフォームを調えてよいかと尋ねた。「何かがこの共同体を活気づけている」、と彼女は校長に言った。「一番いいユニフォームを買いに行きなさい。でも、私がお金を出したことは誰にも言わないで」。

校長は三五歳頃までデアフィールド校チームの一員として出場した。そして八〇歳頃までフットボール、バスケットボール、野球のヘッドコーチをしていた。「アソールからノースハンプトンあたりのどの葬式に行っても、必ず老人が来て、昔やった対校試合の話をする」と校長は言う。彼のフットボールの感覚はつねに漠然としているが独創的である。彼のブロッカーへの指示は正確ではなかった。彼が選手とコーチを兼任していた時代、ラインマンのベルトに紐を付け、バックス――校長を含む――が、それを掴み、引かれてわずかでも前進できるようにした。野球では単純な戦術を守った。「速球をグローブで捉えることができるのなら、バットで速球を捉えられないはずがない」と、彼は六四年間言い続けている。「誰でもバントはできるようになる」。デアフィールド校チームは、この競技に他のやり方がないかのようにスクイズ・プレーを使う。彼は七五歳になるまで野球チームにノックを打ちつづけた。デアフィールドで野球のある日に、校長が動きのいい内野手に的確なゴロを打つのは忘れがたい光景である。コーチ時代の終わり頃、校長は打つボールに思うような回転を加えることができなくなったことに気づいた。彼はグランドが軟らかくなっていると文句をつけた。校長のコーチとしての主な才能は、ある少年が何ができるかをつねに知っており、そしてそれ以上を求めないことであった。どういう訳か、彼にはその投手が限界にきているることが判った。副コーチが続投させるよう校長を説得できた場合は、たいてい投手は打ち込まれた。フットボールについて知らないことは、校長は少年たちについての知識で補った、そして的を射た言葉を掛けて試合に勝つことができた。例えば、彼は――一九二〇年代はじめ――クォーターバックを脇に呼び、こう言った。「君はまったく競馬馬みたいだな。ときどき緊張しすぎて走れないでいる。気楽にいけ。君はもっと早く走れるぞ」。

今日、観客はサイドラインを行ったり来たりする八六歳の、地面を擦るような選手用のダッフルコートを着てまさに試合に飛び込まんばかりに動き回る校長が、いささか芝居がかっていると思うかもしれない。観客に想像できないことかもしれないが、校長は、学校に生徒が一五人か二〇人しかいない頃、彼自身がバックフィールドを守り地元の小さな学校と対校試合をしたことを覚えている。それから六〇年以上経った今日、彼のチームがつぎつぎとタッチダウンを決め、最終得点デアフィールド二八、エクセター一〇を見ている気持を想像できるだろうか。半ば引退したコーチとして、校長は今でもこれまでと同じように試合前の激励をする。必死の、不屈の、全面的な勝利を求める一方で、彼は品位ある勝利を望むのである。「スポーツマンシップが欠けていれば、なんらかの点で負けるということである」と彼は言う。「覚えておこう、勝ってほくそえむよりも、スポーツ選手らしく戦って負ける方がましである」。この調子で彼は自分の良心の求めるところが満たされるまで話す。そして、彼は言う。「さあ、みんな、一瞬も相手に気を許すな。この試合に勝とう。できれば四〇点差で」。

5

校長先生の生い立ち

校長はデアフィールド校そのものや、またはその大部分を、大学進学のための予備校（preparatory school）として考えたことはなかった。中等教育は、それ自体が独立したものとして、また、そのあらゆる側面が考慮されなければならないし、たんなる大学への通過点ではないと、彼は考えている。「大学ではできないことが、我々のレベルではできる」と彼は言う。「ハーヴァードのヘンリー・ペニーパッカー学長がいつも言っていたように、『人間は三〇歳をすぎると、たいていの社会的、道徳的問題を中等学校で習ったことをもとに解決するようになる』。私の哲学は――うまく表現できないが、少年たちを信じることだ。私は生徒に時間をむだにさせず最高水準の学力を求めさせることを信条としている。私はごく普通の生活を信じている。生徒はそれを吸収していく。私がしようとしているのは、よく整った家庭がその子どもたちにするような単純なことだ」。彼がこのような考えを表明し、「普通の生活」というような表現を用いるとき、彼はおもにマサチューセッツのフォクスボロでの自分の少年時代を頭に描いている。「それは基本的に、あの時代の倫理を認めることだ」と彼は言う。「知ってのとおり、家庭が支配的だった」。

22歳のボイドン（左）と4歳のボイドン（右）

：Deerfield Academy

フォクスボロはボストンとプロヴィデンスの中間にあり、ボイドンが少年の頃、約二五〇〇人が住む町だった。町は麦藁帽の製造が主な産業であり、また鋳物《いもの》業が盛んで、それは独立革命時に大陸連合軍のための砲弾を鋳造するために始まったものである。もっと後になって、ニューヨーク市の赤い火災報知機の箱を鋳造した。ボイドンの家族は鋳物工場を所有していた。彼の父と母は若い頃、二人とも教師であったが、彼が生まれた頃は鋳物業に専念していた。町の誰もがそうであったように、彼らも数頭の牛、馬、鶏と豚を飼っていた。一五〇エーカー（約六〇・七ヘクタール）の土地をもち、自家用の野菜を作っていた。「当時は、食べるものは全て自分たちで育てた」と校長は言う。「今日の農民が広い土地をもちながら、野菜を買っているのは、私にはまったく理解できない」。彼は一八七九年、一家の大きな白い木造のファームハウスで生まれた。その建物は今でも魅力的である。暮らし向きの微妙な差から、フォクスボロの社会では町の中心に住む人たちは南フォクスボロと呼ばれる地域の住人とは交渉を避けていた。「我々は中心部との中間に住んでいた」と校長は記憶している。そして、この中間で育ったことはその後の彼に役立っているのである。

彼の家族はマサチューセッツに一六三四年以来住んできた。トーマス・ボイドンという名前の年季奉公人が英国から到着し、セーラムに行って働いた。トーマス・ボイドンはよく働き負債を返し、自由人になり、「新しい煉瓦の大学」――ハーヴァード――の設立のために小麦を一ブッシェル寄付した。セス・ボイドンは校長の曾伯父に当るが「ヤンキーの創意」という言葉の似合う人であった。彼はアメリカで初めての特許皮を開発し、また初めての銀板写真を生みだし、また、展性のある鉄を開発した。校長はこうした素質をまったく受け継いでいな

ボイドンの父母
：Deerfield Academy

い。彼は機械を嫌うし、また動く部分のある無生物を信用しない。彼の祖父――彼の母の父――ケイリーは鋳物工場を所有し、多くの面で、校長とよく似ていた。彼は「リトル・マン」として知られ、七〇歳代になっても鉄灰色の髪をしていた。従業員が言うには「彼を探しても見つけることはできない。しかし、一箇所にじっと立っていれば、五分もしないうちにリトル・マンは必ずやって来る」。これは全てそのまま校長にぴったり当てはまる。そして、事実また校長もデアフィールド校でリトル・マンとして知られている。祖父ケイリーはマサチューセッツ州の上院と下院の議員を務め、校長の父ベンジャミン・フランクリン・ボイドンもまた同様であった。父は楽天家で、言葉の才能をもつ人として知られていた。校長の母親はより素朴な人であった。「彼女はものしずかで、日曜学校のたいへん良い先生だった」と彼は言う。「親切で熱心な信仰の篤い人だった。我々の生活の大部分が組合派（キリスト教教派の一つ）の教会を中心にまわっていた。私は日曜日には三回礼拝に行ったものさ。四回行かなかったのは、四度目の礼拝がなかったというだけでね。それは確かだと思う」。デアフィールド校の生徒は日曜日に二回礼拝に行く。一回目は校長のコントロールが及ばない。それはその地域の牧師たちが行う礼拝である。二回目は日曜夜の楽しい歌礼拝である。校長が選ぶ勢いのある、よく知られた賛美歌――一番か長くて二番までを楽しむ。彼は若いとき「荒っぽい日曜学校クラス」に属していたと言う。当時の日曜学校の服を着て写っている写真では、彼は荒っぽくは見えない。しかし、その眼には込められた力があり、この小柄な少年が手をパンとたたけば、それを聞く人みんな静かになると思わせるものがある。彼の首の周りにはレースの衿があり眼の下にはたるみがある。彼は四人の子どもの三番目であった。小さな頃からよく本を読み、毎晩、伯母さんとバックギャモンで遊んだ。そして母方の祖父の名前のついた一つしか教室がない学校に通った。たびたびある、氷の張る天候の日は、ツルコケモモの湿地と橡や松の林を抜け、彼の家族が流水権をもつ池を横切ってスケートで学校へ行った。

デアフィールドに住んでいる間、彼はたびたびフォクスボロを訪れた。フォクスボロ新聞を毎週読み、「これがなかったら、やって行けない」と言う。家族は誰も住んでいないが、その町は今も彼のふるさとである。フォクスボロの背の高い白松の森を指差して、「あれが家の草刈場だった。雨のない夏は何も育たなかった——干草さえ。あそこで野球をやったものだ」と彼は言う。フォクスボロ図書館は、ジンジャーブレッドのように見える、ちいさな一九世紀の建物で、校長の少年時代と変わらず、ボイドン図書館と呼ばれている。町の広場の周りには非常に優美な鉄の垣が廻らされている。彼の祖父がデザインし、自分の工場で鋳造したものである。林の中をドライブしながら、校長は高い落葉樹の生えている水の涸れた川床の辺りを指して、「あそこに鋳物工場があった」と言う。「相当大きかった。腕のある鋳物工たちだった。七〇人が働いていた」。多くの職工は大酒飲みであったと彼は打ち明け、それもあって問題のある酒飲みを一見して見分けることができると言う。どのようにして？「唇から上の表情で分かる」。

ボイドンはフォクスボロ高校へ通い、一八九六年に卒業した。一六歳であった。「若すぎた」彼は言う。「高校では競争がなかった。卒業したときには教育にはまったく関心がなかった」。今日、デアフィールド校も飛び級プログラムに参加しているが、それは、この考え方が普及したので校長も仕方なく取り入れたというだけである。彼が、個人の成長が加速させられるのは、かえって有害であると思っているのは明らかである。とはいうものの、もし一八九〇年代にフォクスボロ高校に飛び級プログラムがあったなら、彼は教育への興味を失わなかったかもしれない。彼は大学へ進学するつもりはなかった。かわりに、食品雑貨店で働くことにした。経験を積んだ店員になったので、新しい店員が雇われてラード容器の持ち手をベタベタにするのを見ていられなかった。「持ち手を汚さずに扱う方法があるが、それには経験がいる」と彼は言う。また、彼は父親のためにも働き、日に五回、停車場と工場の間に馬車を走らせた。そうこうするうち、こうした興味は薄れ、彼の知的な好奇心が戻ってきた。彼はアーモスト大学の入学試験を受ける決心をしたが、九ヶ月のうちにラテン語とギリシャ語を学び、また英語、数学と歴史を復習しなければならなかった。「その時、集中力を身につけた」、彼は言う。「集中せざるをえなかった」。

ボイドンのクラス、一九〇二年組が、アーモストに一学期間在学した時点で、その六分の一強が落第した。「私は未熟で、小さくて、いつ家に追い返されるかと怯えていたので、部屋に籠り切りで勉強に勉強を重ねた」と校長は回想する。他の全ての一年生と同様、アーモストの一一のフラタニティ［訳注1］の面接を受けた。会員選抜プロセスの次の段階はフラタニティによる第二回目の面接である。ボイドンはどこからも第二回目の面接に呼ばれなかった。「私はつまらないやつだとのけものにされた」と彼は言う。「そして、その通りだった。それは公平な判定だった。私はいつものことながら骨のように捨てられた（boned away）」。クラスメイトは彼のことを「プラガー・ビル（老いぼれ馬ビル）」と呼ぶようになった。生存しているメンバーの誰もなぜビルと呼ぶようになったのか、満足の行く説明ができない。その一人は「そう呼ぶのは響きがいいからだ」と言う。理由は何にしろ、彼はアーモストの友人からは、いつもビルと呼ばれてきた。

「老いぼれ馬の部分は嫌だったが」と校長は言う。「ビルという名前は大いに気に入った。フランクは大嫌いだ」。後年、クラスメイトたちは彼をアーモストで知っていたよりも、はるかによく知るようになった。そして彼らの幾人かはデアフィールド校の理事として、一度ならず学校が破産に瀕するのを助けた。そのうちの二人は存命である。彼らのボイドンについての記憶は、全てが褒め言葉ではないが、貴重である。「プラガー・ボイドンというのがぴったりだ」とスプリングフィールドの菓子会社の前社長ロバート・J・クリーランドは言う。「彼は私にまったく何の印象も残さなかった。彼は真夜中に勉強していた。我々は没交渉だった。私は運動競技をしていた。彼はプラガー・ビル・ボイドンだった。だが、あいつには何かがある。一〇人の列の中に彼を並ばせ、見込みのありそうな男を選ぶとする。彼は一〇番目に選ばれるだろう。彼はクラスの中で知られていなかったが、彼はクラスが生んだ最大の男だ。ひょっとしたら種を見るだけで、その実りを知ることができるのかもしれないが、そんなわけはないな」。ボストンの百貨店R・H・スターンズ社の会長ロバート・W・メイナードは一九〇二年クラスを「落ちこぼれのクラス」であると呼び、次のように言う。「誰も我々が何者かになるとは考えていなかった。はじめてビルを見たのはブレーク・フィールドでの一年生対二年生野球試合だ。この小さな不器用な男がチームに入ろうとしていたが、彼は入れなかった。彼はよく勉強し、運動も好きで、熱心だった。とうとうファイ・カッパ・

［訳注1］アメリカの男子大学生の社交グループ。寮などで寝食を共にし、交友を深める。多くの場合ギリシア文字のアルファベットの組み合わせを名称としている。

サイが彼を入れた。それは新しいフラタニティで、変わり者や行き所のない者を何人も入れた」。

ボイドンは、変わり者と見られることがどんなものかを学ぶと同時に、そこそこ貧しいということがどんなものかを学びつつあった。フォクスボロの鋳物工場が火災で全焼したが、火災保険に入っていなかったのである。大学の二年生当時、ほとんどお金がなかったので、アイスクリーム・コーンを買う出費にさえ罪の意識を感じた。彼は運動競技もしたかったが、チームに加えてもらえなかった。体が小さかったためである(彼自身の解釈では、選手になれるほど上手でなかった)。彼はテニスチームのマネージャーであった。彼はなかなかのディベーターであった。そしてアーモスト大学の歌唱に感心した。デアフィールド校のもっとも輝かしい特色の二つは、ディベーティング・チームと優れたグリー・クラブである。心理・倫理学教授チャールズ・エドワード・ガーマンはアーモスト大学でボイドンの将来を見抜いた数少ない一人であった。ガーマンは彼にすぐれた法律家になるだろうと告げた。校長はガーマンを「アメリカにおける偉大な教師の一人である」と言う。また、ガーマンは大学の学長や総長職を断り、アーモストに留まることを選び、ドワイト・モロウのような人物を世に送り出すために教えた、と言う。ボイドン自身が裕福な定評のある学校の校長職を引き受ける多くの機会に直面する度に、ガーマンの暖かい記憶が彼をデアフィールドに留める助けになったのであろう。一九〇二年のアーモスト卒業記念文集には「大学から最も多くのものを得た人物として、ボイドンと一票差でマギルが選ばれた」と記されている。

6

学校のある町――デアフィールドの歴史

昔、ニューイングランドのほとんど全ての町に学校があった。そして、その痕跡があるとしてもほとんどが、他の建物の外郭に跡をとどめるに過ぎない。フランク・ボイドンが町のどの学校へ行ったとしても立派な学校にしたであろう。彼が来たことはデアフィールドにとって、幸運な偶然であったと、よく言われている。しかし、デアフィールドの住民のなかにはそうは考えないものもいる。そして彼らの方にも沢山の言い分がある。要するに、このような町に出会ったボイドンこそが幸運だというのである。

一七世紀のデアフィールドはマサチューセッツのフロンティアの主要な拠点であった。その最初の牧師はマザー家の一人である。最初の嬰児の受洗名はミーマン・ハンスデルである。最初のインディアンの来襲によって町は全滅した。ある人たちは逃れ、その何人かは戻ってきた。そして、アン女王戦争中にカナダにいたフランス軍の将軍が町にとって非情な殺戮作戦を立て、その軍勢に二つのインディアン部族を加勢させて、冬に南へ長い行軍をした。デアフィールドの住民はこの悲運を一七〇四年二月二九日夜まで知らずにいた。その日、インディアンは雪の上を、押し寄せ、休み、押し寄せ、休み――信じがたいが、たぶんうまく、攻撃の音を強い風にまぎれさせて急襲した。吹き寄せる雪の上を柵を跳び越え、石斧を振るい、扉を破り、彼らが射抜き、斧で切り刻む住民の悲鳴よりも、大きな叫びを上げた。フランス兵は何の感情も見せず傍観していた。四八人の犠牲者が、今は学校の構内にある墓地の共同墓に埋葬されている。その近くにあるミーマン・ハンスデルの墓石には、彼は「凶暴なインディアンに二度捕らえられた」と彫られている。ノヴァ・スコシアへの反撃はロングフェローの「エヴァンジェリン」の背景となった。デアフィールドの古い家のうち二軒は、デアフィールドの虐殺と呼ばれている事件以前の建物である。残りの建物の大部分はアン女王戦争とアメリカ革命との間の平穏な繁栄の期間に建てられたものだ。デアフィールドは一七七六年の六月に独立を宣言した。ベネディクト・アーノルド大佐はデアフィールドで大陸連合軍のための糧食を求めた。学校は一七九七年に創設された。そして約五〇年にわたり、デアフィールドの町からのみならず、他の町と州からも生徒を集めた。やがて、それは勢いを失い小さな、地元だけの学校になってしまった。

一九世紀には、はじめデアフィールドは旅行者をひきつけるところとなった。ジョン・クインシー・アダムスはこの村と渓谷は「自分が見たなかでナポリ湾をも含めてどこにも劣らない」と言った。村はあらゆる種類の人を惹きつけたようである。ジョン・L・サリヴァンが来訪し、フランシス・パークマンもラルフ・ウォルドー・エマソンも滞在した。町はそこそこ有力な芸術家のコロニーでもあった。一九〇二年、校長が着任した頃には、デアフィールドの古い建物を保存すべきであると決心している熱心な市民のグループがあった。そのような人たちはニューイングランドのどこの町にでも見られたわけではない。その一人はジョージ・シェルダンである。一フィート半はある白ひげを蓄えた老人で、三五万語の二巻にわたる町の歴史を見事な文体で綴った。彼は住人が教会や町に出ている時に、住人たちの家の屋根裏に入り後世役立つと植民地時代の品物を運び出した。彼の妻、ジェニイ・アームス・シェルダンは、校長に野球ユニフォームの金を与えた人であるが、MITで教育を受けており、そこにはじめて入学した女性の一人だった。デアフィールドの町は、ある意味で、教養のある女性のコントロールの下にあった。彼女たちは、籠を編み、展覧会を開き、文学サロンを主催し、そして、まとまれば、その共同体における ただ一つの非常に強力な政治勢力であった。そのうちの幾人かには、若い校長は「町を牛耳ろうとしている若僧」に見えた。もともと彼は昔からのデアフィールドの出身ではなかった。一九〇二年、ボイドンは彼がそれを形作ることになるのと同じくらいに、彼を形作ることになる町に足を踏み入れたのである。

7

ミセス・ボイドン

校長がデアフィールド出身の女性と結婚したことは役に立った。ヘレン・チャイルドの父親は酪農家で、また土木請負や木橋の建築業者でもあった。一八九六年、彼女が一三歳の時、父は五マイル北にある、グリーンフィールド高校に彼女を通わせることにした。彼女がスミス大学への進学を志望していたので、デアフィールド校はそのような志望を抱く者には不十分だと思ったのももっともだった。彼女はスミス大学を一九〇四年に卒業し、コネチカットの学校で短い期間教えたあと、新任校長フランク・ボイドンの招きを受け入れてデアフィールド校で理科と数学を教えることになった。彼らは一九〇七年に結婚した。

子どもの出産――二人の息子と一人の娘――による中断を除いて、彼女は六一年間デアフィールド校の教職にある。化学の教師としての彼女の評判はすぐ広まり、そして何十年も中等教育で最高の位置を保っていた。彼女は校長の妻に求められる、あらゆるものを備えていた――優しく、もの分かりがよく、寛大で、夫をおそれず、しかし、なによりも彼女は教師団のなかでもっとも頭のいい人であり、また学校のもっとも忙しい働き手である。彼女は現在八二歳である。一日に五時間教え、デアフィールド校の他のどの教師よりも多くのクラスを担当する。「彼女は私よりもはるかに重要だ」と校長は言う。「彼女には素晴しいユーモアの感覚があり、生徒への深い愛情がある。生徒に私よりも大きな影響力をもっている。彼女は生徒に勉強したいと思わせる。判断力が優れている。我々二人のような組み合わせが協力できるのは興味あることだ。私は彼女の真の理解者であるかどうか自信がない。彼女はどこの学校の長にもなれたろう」。ボイドン夫人は週に一、二冊の本を読み、校長よりもはるかに世界の情勢に通じている。校長は全身全霊学校に打ち込んでいて、旅行するのも学校の用事のためだけである。だが、夫人の興味には限界がない。二年ほどまえ、ナイルへの旅を計画していたとき、彼女は一年かけてエジプトの歴史についての本を読んだ。また話題になっている本も読み、感想を述べる番になると、必ず何か独創的なことを言う。彼女の夫は基本的には感情の人であろう。彼女はもっと理の人である。「彼女はきわめて女性的だ」と校長は言う。「そして、私がこう言ったら、彼女は気に入らないだろうが、男性的な気質ももっている」。

教室での彼女はドリル・マスターである。ただし彼女はドリル自体を目的ではなく手段として使う。例えば、アイソトープについて教えているとする。「ちょっと待って、君」と彼女は言う。「同位体の原子構造は?……その通り。どこが違うの?……核が違う」。彼女の灰白色の髪は高く結い上げられている。彼女はよく真珠の短いネックレス、銀の腕輪、金時計、銀のピンを付ける。メガネは上部が亀甲で下のふちは透明である。彼女は実際には教室の誰も見えない。部分的に視力がないほどの近視だからである。しかし、彼女が座席を決めたので、誰がどこに座っているのかを知っている。はっきりと生徒が見えないとしても、何かおかしなことがあると、分かるのである。一度、言いかけたことを途中で止めて、彼女は言っ

ミセス・ボイドン：Hanson Carrol 撮影

た。「ジョージ・ギャロップ、シャツを着ているの？」。三列目に座る若いジョージ・ギャロップはスポーツ・ジャケットの襟を首の周りに立てていたが、恥ずかしそうにシャツを洗濯に出すのを忘れたのでと言い訳した。彼女は視力が弱い分記憶力が抜群である。ある卒業生が彼女の教室を訪ねる――それはよくあることで、訪問者が教室にいないことはないほどである。彼が教室に入ると、彼女が言う。「あなたが座っていた最後列から二列目で、窓から二番目の席に座りなさいよ」。彼がデアフィールド校を一七年前に卒業していたとしても、彼女は間違わない。彼女は黒板に書いた。「二掛ける二で犯した罪は、一つひとつ償う」。次の日、彼女は書いた。「普通の頭で何回もやってみれば、どんな難しい概念も必ず理解できる」。

彼女はフロギストン説の否定について説明している。「タバコを吸う人はいないでしょうね」と突然に言う。「年をとるにつれて、私はますます気まぐれになってくるわ」。生徒とゲームを始める。採点しないクイズを与え、つぎつぎと短い質問をしながら、まるで食卓を囲んでいるように、生徒の答えを引き出す。何年も前に、彼女はある生徒に言った。「ヴィクター、いつになったら暗記することを止めて、考えることを始めるの？」。ヴィクター・バターフィールドはウエズリアン大学の学長であり、これが彼自身の受けた教育についてのもっとも貴重な物語である。時限の終わりにブザーが鳴るが、彼女はそのまま話し続ける。何分かが過ぎ、次のクラスが廊下で待っている。それでも彼女は話し続ける。彼女のクラスはこのようにして終わるのが常である。

ボイドン夫人は毎朝六時に起き、朝食まで彼女の温室で働く。学校のある日は授業のない自由時間を研究室で机に向かう。普通の授業日は六時限あり、午後二時に終わる。それから必要とする生徒には補習のために会う。他の教師は一週間に一回面談の時間を開くが、ボイドン夫人は例外で、毎日、面談時間を置いている。また彼女は土曜日の朝、とくに助けの必要な生徒と過ごす。多くの午後も夜も同様である。大学進学テストの間、彼女は心配で建物の廊下を歩きまわり、生徒が出てくると扉の外にいてどんな出来だったかを聞く。彼女はたびたび昼食に客を呼び、週に二度くらいは夕食の客がある。毎晩、彼女は居間で食後のコーヒーを五〇人ほどに入れる。日曜夜の歌集会にも、彼女は当然とされているので出席する。彼女は第一次世界大戦以来、デアフィールド校の野球試合の公式記録員である。彼女は自校で行われる全てのフットボールとバスケットボールの試合を観戦し、さらに相手校での試合の多くをも見に行く。デアフィールド校の水泳試合の一時間前にはプールに来て、コンクリートの席に座って編み物を始める。彼女のために席を確保しておく特典を断り、生徒が彼女のために席を譲ろうとするような状況を避けるためである。最近のある日、ハートフォードで開かれるグリークラブの夜の演奏会に行くことになっていたが、彼女は（自分が）弱っていて疲れていると感じていた。しかし、彼女は若い教師に言った。「あなたの歳では、行かないでもいいわ。私の歳では行かなくてはならないの」。

彼女は校長を詳しく描写することができる。「彼はあまりユーモア感覚のない背景で育った」と彼女は言う。「私はユニテリアン（キリスト教教派の一つ、組合派とは仲が悪い）で、彼は組合派（三〇頁参照）なの。彼の家族にしてみれば彼が仏教徒と結婚する方がましだったでしょうね」。二人の結婚式は盛大だった。花嫁の多くの付き添いと、四〇〇人の招待客、そして宴会は学校で開かれた。彼女によれば、校長が宴会の途中で消えたので、探しに行くと、彼は家に電車で帰る生徒のグループに行儀をよくするよう訓示していたという。娘が生まれたときには――構内にある家で――、彼女が麻酔から覚めかけて、自分がどこにいるのか定かでないところへ、校長が部屋に飛び込んできて言った。「ヘレン、理事たちをどうしたらいい？　彼らはどうにもならない難物だ」。ボイドン家の娘エリザベスは現在、デアフィールドの近くにあるストーンリー・プロスペクト・ヒル女子高校の歴史の教師である。若い方の息子テッドはジョージア州立大学の企業・経済教育センターの所長である。年上の息子ジョンはデアフィールド校の入学選考の責任者である。

ボイドン夫人は第三子の誕生後、教職に復帰するつもりでいたが、校長は同意したものか躊躇っていた。

数ヶ月経って、化学の教師が辞めた。後任の見通しはなかった。校長は妻に頼んだ。彼女は返事をはぐらかし、彼が重ねて頼むようにさせた。彼女は仕事がしたくてたまらなかったからである。彼は言った。「よかろう、それでは一年間勤めていいことにしよう。しかし、女性は夫のために働くべきではないと思う。分かっていてほしいが、もし生徒と処罰問題を起こしたら、自分は生徒の側に立つつもりだ」。何年も経って、自分がその分野でのもっとも優秀な教師の一人になってからも、彼女は仕事を失うのではないかと怖れていた。

デアフィールドの多くの人と同じように、ボイドン夫人は夫のことを首長（Head Man）と呼ぶ。もちろん、彼女は誰よりも、校長が巧みに言葉を操り、政略を用い、学校の一般の運営上の衝突を避けるために罪のない嘘をつくのを見ている。彼女はヴィクター・バターフィールドの話を微笑しながら聞いている。「理念とともに戦略がなければならない。このことを理解できないのはつまらん奴だけだ」。彼女の夫は熟達した政治家である。ときには生徒や教師陣に拍車をかけるために、彼は言うだろう。「さて、理事会が感じているのは……」。もちろん、理事会はまったく何も感じてはいない。しばしば、彼は若い教師に建設的な批判を聞かせようとするときに、このように話をきり出すことで自分自身と若い教師を救おうとする。「先任の教師たちのなかにこのことで少し心配している人がいて、私に相談にきた」。このようなやり方について、ボイドン夫人は言う。「ときどきあの人のいってることは本当じゃない」。

校長はこれまで酒とタバコに触れたことはない。彼女は昼食のまえにシェリー酒を飲む。「彼は生徒にきちんとさせるの」と彼女は言う。「でも、ここ（家）では彼はあらゆるものを床にまき散らす。私は自分の時間の半分を彼がなくした物を探すのにとられる。彼は自分の怒りを家の中に留めて、外に出ると教員たちと生徒に優しくする。彼の父親がそうだった。他人には公正で優しいけれど、家族にガミガミと叫ぶことといったら！　彼は進歩的な考えの人だけど、古いことに頑固に執着する。彼は世界でもっとも科学的でない人よ。彼はひどく奇抜な考えをもっている。でも、人をこれほど強くするものは何かしら？なぜ私はいつも彼が言うとおりにするのかしら？　彼は一六歳のときに教育に関心がなかった。そして、今でも関心はないわ。けれど、もっと大きなやり方で、彼は教育とは公共の福祉と同じであると信じている人よ。そう信じることは大したことね。ラテン語の派生語に興味をもって一生を送ることなら誰でもできる」。

イェール大学は校長に「少年の心身の研究」ということで名誉学位を与えた。スミス大学はボイドン夫人に名誉学位を授与したが、その顕彰文には次の記述があった。「ヘレン・C・ボイドンは、夫に少しだけ手伝って貰って、偉大な学校を創り上げた」。二人が一緒にいるときには、彼女は夫を軽く扱い、夫も同じように反応する。二人の間では彼女の方が機敏である。彼の方はよりこっけいである。

「貴方は恨みつづけることができない」、彼女は最近午後のお茶のときに夫に言った。「貴方には意地の悪いところがない。他にはたくさん欠点があるけれど」。

「その通り、それを加えることを忘れないでくれ」と彼は答えた。

彼は彼女がコミュニティの先住者であることを認識している。「私がここに来たとき、彼女はここに二五〇年もいたのだから」と彼は言った。

「それをのりこえることはできないわ」。彼女は彼に言う。「貴方は闖入者《ちんにゅう》」。

「イエス」、彼は言った。「しかし、私は自分の意志でここに来た」。

デアフィールドでの最良の時期はいつだったと思うかと聞くと、二人は同時に答えた。

「一九〇六年」と校長。

「一九六六年」と彼の妻。

8

校長先生と無口な少年――トム・アシュレイ

望みのなさそうな生徒を育てて成果を挙げていることで、校長は最初に教育関係者に知られるようになった。しばしば現代の教育専門家が使用する業界用語で、校長の仕事には高い「救難力」があることが注目された。校長は表面上なにごともないときでも、少年のなかに何かあることが分かるようであった。彼にはテストでは計れない方法で、その潜在性を評価することができ、その少年が可能性を発揮するよう助ける才能があった。一九二〇年代にデアフィールド校はアンドヴァー、エクセター、タフトといった学校から、素行や成績が悪いので退学させられた生徒をいつも何人か受け入れていた。デアフィールド校に一年か二年いた後、こうした少年の相当数は進学した大学でエクセター、アンドヴァーまたはタフトのかつての同級生よりも好成績をあげた。このことはボイドンにとっての満足であるばかりか、他の校長たちにとっても喜ばしく、また心のやすらぐことでもあった。校長たちはどんな少年でも良心の呵責《かしゃく》なく退校させることができるのに突然気がついたのである。頼りになるフランク・ボイドンが無作法者を熱心な学者や有用な市民へと変えてくれるからである。

ボイドンはこの特別の才能を若いとき地域の農家の少年との接触から身につけていた。こうした少年の教育は多くの場合、校長のねばりづよい説得がなければ立消えになっていたであろう。このような少年の一人、デアフィールド校一九一一年クラスのトム・アシュレィに、校長は彼の理念が体現されるのを見た。直感的で理論化をしない人であったので、校長は自分が達成しようとする目標について明確に表現しようとしたことはなかった。その代わり、彼はトム・アシュレィのことを物語るのである。それによると、一三歳の少年アシュレィは、ほとんど会話が成り立たないほどのむっつり屋であった。彼は知的好奇心を示したことがなかった。彼は農業のために生まれ、戸外を愛し、彼が記録に値すると考えた成果を帳面に記録した。一九〇七年の短い期間の記入は「ライフル、獲物、命中」とあり、「青カケス―一、赤リス―三、マスクラット―六、スカンク―一五、猫―三、泥亀―一、へび―一、ねずみ―三、豚―一、鳩―八」というように始まっている。同じ年の三月二三日には、「初めて泳ぎに行く、水に入るのに雪を掻き分けなければならなかった」と記した。しばらく後の記述には、「一九〇七年七月一五日、草刈開始。一・大原、二・ライト氏の庭、三・島、四・首、五・松が丘、六・きつね穴、七・黒へびの皮、八・大尻、九・小原。八月五日、草刈終了」とある。

その次の月、少年は学校に入るのをにべもなく断ったので、父親は少年を望みなしと見捨てようとしているようだったし、校長も少年に働きかける努力を見せなかった。しかし、たまたま移動させなければならない本の山が学校にあった。トムに、また豚撃ちか何かを始めるまえに手を貸してもらえるだろうかということになった。アシュレィは黙って手伝ってくれた。学校にはフットボール選手が足りないのだと校

トム・アシュレイ

: Deerfield Academy

長は言った。君は学校に入っているわけではないが、もし気が向いたら、その午後、他の少年たちとプレイができる。そのあいだにたまたま学校にやってくるお客さんを見たら君が扉を開けてくれるとたいへんありがたいのだが、と。アシュレィにはなにか空想的なところがあった。というのは、彼はその午後フットボールの練習に加わったが、スケート靴の紐を持っていて、脚を挫いたときにその場で処置するためだというのである。その後、間もなく彼はデアフィールド校に入学した。彼は均整のとれた若者で、優れた運動能力を発揮し、フットボールチームでバックフィールドの校長に替わり、野球チームでは校長のチームメートになった。四年間、彼は教室でほとんど喋らず、女の子たちに話しかけることもなかった。しかし、校長の要請で一九一一年の卒業式で彼がスピーチをした。それは感動的なものだった、彼が実際に喋っているということだけでも。

アシュレィはアーモスト大学へ進み、校長と絶えず手紙を交わすことになった。彼の手紙は希望、悩み、成績の報告、デアフィールド校で使うフットボールの戦術、助言の求め、それに小さな詫び、「こんな小さなことで煩わせるのは申し訳ないのですが、父に話す前にあなたがどう見るかを知りたくて」などで満ちている。アシュレィはアーモスト大学のバスケットボールチームの主将になり、フットボールと野球のスター選手であった。彼は歴史を専攻し教師になる決心を固めた。

彼の物語は、その基本的な要素を含めて、デアフィールド校において何千回となく繰り返されており、それが一種のスタンダードとなっている。(校長の)記憶の中で、アシュレィは現実の人物であるよりは一つの理念になっている。しかし、五十年前、彼はたぶん校長が有したもっとも親密な友人であった。彼は一九一六年にデアフィールド校の教師陣に加わった。彼は心から学校のためを考えていて、校長の心にも浮かばなかったような大望を抱いていた。彼はデアフィールド校が多くの州から生徒を惹きつけるような大きな全国校になることを心に描いていた。そのために拡大されたアカデミィの未来像をまとめ、将来の教室や寮の配置図を描いた。彼は校長にその方向へ踏み出すよう、そのために七〇年間休眠していた寄宿制度を再開するよう勧めた。その当時、学校にはわずかな寄宿生がいるだけであった。校長の初期の成果を聞きつけた父親たちが息子を村の家庭に下宿させていた。アシュレィはデアフィールドの町以外から三五人の生徒を入学させるのが、すぐ拡大をはじめるのにいい人数だろうと助言した。「三五人も寄宿生がここへ来ることはないだろう」と校長は曖昧な表情で応えた。それは寄宿生を入れたくないからではなく、それほど多くの寄宿生が来るとは想像できなかったからである。

アシュレィはフランスのシャトー＝ティリー(Château-Thierry)近くの麦畑で戦死した。捕獲したドイツ軍の機関銃を修理して、ドイツ軍のもう一つの銃座を射撃しようとしていたときに、その銃弾を受けたのである。アシュレィがはじめて志願して軍役についていた隊にいた合衆国海兵隊指揮官のジョン・レジェネは、のちに校長に個人小切手を送り、なにかアシュレィ大尉の記念碑をデアフィールドに建てるように依頼した。校長はその金を他の町や州からの生徒の寄宿舎を建てる一助とした。

9

校長先生の危機——デアフィールド校の資金難

戦争が終わってまもなく、ジョン・ウィナントがデアフィールド校を訪ねてきた。彼は後にニューハンプシャー州知事になり、（合衆国の）英国大使になった人である。彼は校長と一日を過ごしてから、実は、自分がニューヨークにあるブレイアリー校の代表として来たことを認めた。理事会の意向でデアフィールド校の校長がブレイアリー校の校長に来てもらえないか見てくるようにということだった。「しかし、その申し込みはしません」とウィナントは言った。「ここであなたがしていることがあまりに重要なのは明らかで、ここがあなたのいるべきところだ」。ウィナントは後に息子たちをデアフィールド校へ入れたが、ブレイアリー校がどのような待遇を提示しようとしているのかは言わなかったし、校長も礼儀を守って聞こうとはしなかった。彼は他の申し込みに心を動かすこともあった。そのなかには給与を倍にするというのもあった。それに、もちろん、法律を学ぶという希望は捨てていなかった。その希望はいつも延期されていたのである。「ここにいて七年経った頃、多くの可能性は見えなかった。それでなおのこと法律の方向を考えるようになっていた」。暗い時期を思い出しながら校長は語る。「私はとても気が滅入っていた」。

ジョン・ウィナント（中央）とルイス・ペリー（右）: Deerfield Academy

こうした時期のこと、違う仕事を受け入れてデアフィールドを去ろうとしていた彼は、聖書を開いてみた。そして、彼が言うには、目に入ってきた最初の聖句はエレミヤ書四二章一〇節であった。「もしあなたがたがこの地にとどまるならば、わたしはあなたがたを建てて倒すことなく、あなたがたを植えて抜くことはしない。わたしはあなたがたに災いを下したことを悔いているからである」。彼はとどまることに決めた。彼はこの話をしばしば語る。彼の妻は、それが真実だと信じるが、しかし、彼はたぶん満足する聖句を見付けるまで何度も聖書を開いたことを省略して、話を濃縮したのだと思うと言う。彼がもうやめようとしていたまた別の時には、南デアフィールドの牧師がそれを聞きつけて彼に言った。「いけません。貴方はデアフィールドの町一帯で、どの家にも入ることができる唯一の人です。さあ、仕事に戻って」。

一九二三年になると、アカデミーには一四〇名の生徒がいた。八〇人が寄宿生であった。コーネル大学学長の息子がおり、そして現在のマサチューセッツ州立大学の前身である学校の学長の息子もおり、またアーモスト、スミス、ヴァッサー大学の学長の孫たち、さらにカリフォルニア大学を含む、マウントホリヨーク、ウイリアムズ、ハーヴァード、ニューヨーク市立大学、ジョージ・ワシントン大学などの学部長や教授の息子がいた。彼の仕事に寄せられたこのような信頼は校長にとって喜ばしいことであったが、それを楽しむ余裕はなかった。新しいマサチューセッツ州憲法の条文が学校の閉校を指し示しているようだったからである。条文は公共の資金が私立校の維持に使われてはならないと定めていた。デアフィールド・アカデミーは当時、部分的には私立校であり、部分的には公立校として、デアフィールドの町から年間二万ドルを受けていた。この資金なしにはデアフィールド校は沈没するしかなかった。もし学校が寄宿部門を閉鎖し公立学校として存続しようとするなら、校長の成果の大部分は失われてしまうばかりか、六マイル離れた西デアフィールドの人口集中地に学校を移設することを余儀なくされる。学校がいまや離れがたい、もともとの場所から引き抜いてである。さらに、マサチューセッツ州の新聞の紙面を賑わせた裁判沙汰も始まった。紛争の法的側面は、一八七八年にある女性が町に寄付した遺産をめぐるものであった。彼女の遺言は遺産の利息を学校の援助に使うよう指示していた。問題は、デアフィールド校が法的に私立学校になるためには、遺贈額を町へ返還しなければならないかであった。この問題は、校長に学校を閉鎖させようとする町の少数派によって提起されていた。このグループの一人は学校の司書職を解任された女性であった。もう一人は校長がそれまでになんとか建てることのできた寄宿舎の陰になって光を遮られた芸術家であった。他は、町にデアフィールド校が拡大することと校長の成功を快く思わない人たちであった。町の生え抜きでもない校長がこの地域一帯でもっとも影響力をもつ人物になったことへの反発であった。

状況は望みのないものであった。長い法的争いを何とかうまく乗り切っても――結局、乗り切るのだが――、校長は、帳尻をあわせ、もう一年活動を続けるためには、すくなくとも一五万ドルを用意しなければならなかった。一九二四年には、それは田舎の学校長がどうにか工面できるような額ではなかった。その時、アメリカ教育史上もっとも異例の支援の一つというべきことが起こらなかったら、まちがいなく学校は破産していただろう。エクセター校長ルイス・ペリー、アンドヴァー校長アルフレッド・スターンズ、それにタフト校長ホレイス・タフトがそれぞれの学校を留守にしてニューヨークとその周辺の卒業生からデアフィールド校を救うための寄付金を募った。ペリーは一日で三万千ドルを集めた、そして次の五年間にペリー、スターンズとタフトはデアフィールド校のために一五〇万ドルを募金した。ボイドンのアーモスト大学の同級生も募金と支援を惜しまなかった。コーネル大学とアーモスト大学の学長、ハーヴァードのディーン・ペニーパッカーも同様であった。「我々を動かしたのは校長が不十分な施設と給与で学校を続けてこられたことだ」。募金した一人は語る。「彼がどうして教師たちを逃がさずにいられたのか。驚くべきことだ」。校長は一九二四年に四五歳であった。彼のデアフィールド校への献身は彼が思っていた以上に深いものだった。「たぶんもっと心配すべきだったのだろうが、それほど心配していなかった」。今になって、彼は言う。しかし、デアフィールドの長年の住人の見るところによると、一九二四年以前の校長は、終始率直な態度であったが、些細なことが重なって学校が危機に瀕したのを見た後、校長は狐になり、それは、今日でもそうである。

10

教師と生徒と校長先生

他に提供するものがほとんどないときには、校長は教師たちを逃がさないように魅力を振りまき、忠誠心をかきたてて動けなくした。毎年のように給与を上げると約束をしたがほとんど実行できなかった。六月が近づくと校長は勇気のある孤独な様子を保って、教師たちにそれぞれのために目指す道を進むように告げ、自分はそれを理解できるし腹を立てるようなことは決してないと請け合った。しかし、来年も留まってくれるなら、自分はそれを忘れるようなことはないと言った。そして、自分はみんなで力を合わせて何かを創ることができると考えている、と。教師たちはかつて、校長の家に住んでいた。ボイドンと妻は私的な話があるときには地下室に下りて暖炉の後ろで会話をした。ミス・ミニイ・ホークスは階上の居間の揺り椅子に座り、会話を聞いていた。校長は堅固な教師の集団を編成していた。管理職に野心を持つものはほとんどいなかった。そのような野心のある者はすぐどこかの校長になっていった。デアフィールド校では五つ星の将軍から予備役の将校まで、全ての階級は空席であった。

教師たちと生徒との間にもきわめて親密な関係があった。その理由の一部は、教師も生徒も校長と同じような関係にあるからである。「私はこの学校を教師のために動かしているのではない」。校長はしばしば言っている。「生徒のために動かしているんだ」。早朝から夜遅くまで教師の生活は生徒の生活といつもかかわっていなければならない。——朝食、昼食、それに夕食、教室、定められた予習時間、クラブ活動、運動競技の中で。教師たちは全ての学校行事に参加することを当然とされている。そして単純に教科を教えるだけという人はほとんどいない。

ほとんどの教師は運動チームのコーチを務め、寄宿舎の舎監をする。他にも二〇を超える小さな義務がある。このことはある程度どのプレップ・スクールの教師にも当てはまるが、しかしエクセターやアンドヴァーではこうした義務の範囲は極端に小さく、どこと比べてもデアフィールド校ほど大きなところはない。教師団についての校長の考え方はいつでも目に見えるところにいる人の集団である。教師たちは文句の言える立場にない。校長夫妻が誰よりも目立って学校の一日中の活動に従事しているからである。「校長に協力すればするほど、校長はさらに働くように求める」。二五年も勤続する教師がいう。「彼は信じられないくらいの忠節を引き出す。これに応えると、さらに多くを求める。応えなくても、彼は職にとどめてくれるが、存在しないかのように扱われる」。これらの人々の忠誠心が校長を支えている。そして、校長は彼らへの忠誠を、時には無謀とも思える方法で示そうとする。校長は、心身の能力が衰えて、学校にとってもはや恥と重荷にしかならない教師を、初期に校長を助けて学校へ貢献したというので雇い続けている。「彼は小さな失態を我慢できないが、大きな失態には無限の忍耐心をもっている」というのは、ある英語教師の言である。彼の失態は、あったとしても小さなものであった。この人は何年かまえ、カンタベリー校英語科主任の地位にデアフィールド校の倍の給与で招かれた。校長は「彼は金に興味はない」と言ってカンタベリーとの競争に取り合わなかった。この教師はデアフィールド校に留まった。次の年、彼は昇給を期待していたが、校長は彼の期待に応えなかった。しかし、この年を除けば、彼はデアフィールド校で教えている二二年間、毎年昇給を与えられていた。

校長の右腕である訓練将校はドナルド・C・サリヴァンで、彼は一九二〇年代からデアフィールドに腰を据えており、デアフィールド校の生徒に崇拝されていた。おそらく、ユーモアの感覚と完璧にみえるほどの公正さの感覚とのバランスによって、彼はタフな人物だと思われていた。何年もまえ、レッドと呼ばれているサリヴァンが何の件だったかもう忘れてしまったが、怒り心頭で校長に迫ったことがあった。サリヴァンの怒りの表情をみた校長が機先を制して言った。「馬小屋に入ろう、レッド。急げ。ヘン・スミスから隠れるんだ」。ヘン・スミスとは町で影響力のある女性であった。馬小屋の暗がりで校長はヘン・スミスにどれほど悩まされているか、こうした町の女性たちをなだめるのにどれほどの時間を費やしているかをぶつくさ訴えた。「レッド、君なしにはこの学校を動かしていけない」と。校長は加えた。「さて、私はここを出られない。だから君が……」。校長はサリヴァンに用事を頼んで行かせた。サリヴァンは何が起こったのか分からないままで、煙に巻かれたと気づいたときにはその件についてはあとのまつりだった。

デアフィールドの生徒は、ボイドンが生徒と教師の間に生み出している近い関係をつねに大切にしてきた。そして、生徒はそのために並々ならぬ努力が払われていることを認識していた。「正直なところ、なぜ教師たちの誰もがデアフィールド校にいるのか理解できない」と一九六六年クラスの生徒の一人が先ごろ言っていた。（教師がとどまる）理由は大きくいって二つある。第一に、もちろん、ボイドンが成しとげてきたことを評価しているからである。「校長はつねに最善のものを信じ、そのために奮闘する」と教師の一人は言う。「だから人々は彼に従うのだ」。第二に、教師たちが教室でプロとして、どのようなスタイルやアプローチで教えていても、校長は干渉しないからである。「ここでの教師は教室でどう教えるかについて自由である。教師は望むどのような方法をも試みることができるし、成果をあげる自分のやり方を工夫できる」と、トム・アシュレィは一九一六年に書いている。そこでいま教えている教師は言う。「デアフィールド校の美点は授業計画書も、監督もいないことだ。教師に自由がある」。

校長みずからの才能は教科外にあり、そのことを自分でもよく分かっていた。彼は新しい教育理念を追うようなことはなかった。しかし、彼の妻はつねに関心を払っていたし、彼の第一級の教師の中心メンバーもそうであった。こう言ったからといって、校長がデアフィールド校の学業面を無視しているわけではない。ほぼ六〇年間、彼の聴力低下がそれを不可能にするまで、校長は全員の成績を自分でつけた。成績票なるものはなかった。それぞれの生徒は一年に六回、校長と個人的な面談をした。そして自分の成績がどのあたりかを告げられた。こうした面談を通して、校長は少年から話を引き出し、彼らの教科への反応を聞いて、どこに教師陣の強味があるかを知ったのである。「中等教育では人柄が大切だ」と校長は言う。「人柄はうつる。少年は多彩で活動的なこころの持主との出会いに敏感だ」。ボイドンはいつもこうした人を見分ける力があり、彼らを政治的に把握する力があった。忠実で有能なグループを作り上げるのは長い道のりであった。彼はまさにそうしたグループを集めた。デアフィールド校は熟練した教師陣をもつが、それは学歴を誇るようなものではない。博士号をもつのは一人しかいない。しかし、一九五二年の卒業生で、現在、大学出版局の編集者の次の言葉は、デアフィールド校を公正に評価している。「少年の教育で大事なのは知を受することを学ばせることにある。デアフィールドはそれを私に与えてくれた。他の学校に比べてデアフィールド校ではそれが早く身についたと思う」。

近年、校長は現代の生徒が勉強に追い立てられる大きな圧力に多分保守的に――そうでないかもしれないが――反応している。高校や独立校のまじめな若者を容赦のない競争が暗雲のように覆っており、多くの学校のプログラムは学科に関係のない活動を減らし、もっと多くの時間を学習にあて、国中の若者を大学入学の戦いに備えるような修正が行われている。この不幸な強圧は、人生の中のより良い四年間を侵食し、計ることは難しいがあとあとまで残る価値を持つような多くの経験を切り詰め、必ずしも大学へのより良い準備にはならないと校長は信じている。「大学がプレップ・スクールに詰め込み教育をさせている」と校長は苦情を言う。「我々は大学入試を決めるわけではない。我々が採点するわけではない。私は少年たちに勉強を強いる圧力をなくす術を知らない。正直なところ、私には打つ手がない」。そういいながら、彼はエレキジャズ・バンドから初級Cサッカー・チームにいたるまで、デアフィールド校の課外活動のどの一つをも無くすことを拒否し、また日曜夜の歌会と夕会など時間のかかる伝統行事も止めなかった。校長は四科目が少年の学ぶものとしては十分の数であると考えており、五科目目を加えることをしていない。他の学校の校長は「デアフィールド校は学業の上で圧力釜ではないが、たいていの学校はいまやそうなっている」と言う。

大学入学競争で、全ての独立校はかつての力を失っている。例えば、ローレンスヴィルはかつて一年に七〇人の少年をプリンストンに送り込んでいた。プリンストン大学の一九六九年の卒業生にはローレンスヴィル出身者一二人を数えるに過ぎない。デアフィールド校の少年たちも大学の選択についてもはや保証はない。しかし、校長が危機に対応するような策を拒否していることは、これまでの地位を失わせることにはなっていない。数字の上でデアフィールド校は、例えば、プリンストン、ハーヴァード、イエール、ダートマス、それにスタンフォードの新入生クラスに代表されるトップ六校の中にいつも名を連ねている。一九六〇年代のはじめまでは、校長は毎年プリンストンの入学課を訪問して、プリンストンがどのデアフィールド生を入学させようとしているかを教えられた。プリンストンが入学させないことに決めているデアフィールド生で、校長が強く推す者があれば、プリンストンは決定を変えたものである。ボイドンは全国でプリンストンがこうした配慮をする唯一の人物であった。

デアフィールド校はたぶんカタログを刊行していない唯一のプレップ・スクールだろう。「我々はカレッジや大学が求めている全ての教科コースを提供している」と校長は説明する。「カタログは費用がかさむ。私はその分、一人でも二人でも生徒に奨学金を与えたい。いずれにせよ、私はカタログが書けなかった。誰かが書いてくれても、その通り守ることは私にはできなかった。カタログは理想を説く宣伝文句である。我々に宣伝文句が必要だとは私は思わない。しかし、私の後継者はカタログを刊行するだろう。それは確かなことだ」。

11

校長先生の入学選考

デアフィールドへの入学選考は伝統的に大部分が主観的な方法で行われてきた。校長が長年、ほとんど全ての志願者に個人面接に来るよう求め、彼自身の印象に頼って判断してきたためである。彼が少年を気に入れば入学を許し、それから両親にどれだけ払えるかを聞いた。これは珍しいことではなかった。アカデミィの財務と経理担当者は次年度の授業料として期待できる金額を確定することができたためしがなかった。校長は現在、一〇〇人をこえる生徒の両親に対して「払えるものを払うように」といっている。一九二三年、彼の生徒の一人が夏の間ジョージア州で働き、二人の友だちができた。その生徒はデアフィールド校がこの二人を援助できるだろうと考えた。彼は校長に手紙を書き、校長は興味を示し二人を面接もせず、入学を許し、汽車賃を払い、授業料のことは忘れ、彼らが到着すると、古着のスーツを買い与えた。ある時期には校長の入学許可方針はいささか風変わりに見えた。長年、彼は英国人の生徒を入学させなかった。そして、一時期、ボストン出身の生徒を誰も入れなかった。地元の少女たちは一九四八年までずっと、デアフィールド校に入学していた。しかし、以後、校長は彼女たちに門戸を閉ざした。校長はその他は誰に対しても差別しなかった。それは金持ちについてもそうで、彼らからの支援を校長は熱心に求めた。その金が成金のものでも、長年築いたものでも、先祖から伝わったものでも、いとわなかった。彼は運動選手の志願者には即答する。また一年間在学希望の生徒にも興味を示す。大学に進学する前にもう少し熟成か追加コースを必要とする生徒である。校長は彼らのための場所を他の多くの学校ほどは用意していないが、デアフィールド校の高度に組織化された形態の中で、入学したものはすぐ全体の中に溶け込む。そして、いくつかの事例で、その一年間は三年ないし四年間がもたらすのと同じくらいの永続的な影響をもっていた。これらの一年在学生の何人かは他の誰よりも多くのタッチダウン・ポイント、得点、ゴールを奪うというやっかいな傾向があるので、校長は彼らをえこひいきしていると批判された。ことに、一九五九年、アルバータ州出身の少年が全国ホッケーリーグに行かずにデアフィールド校を選んだときの事例ではそうであった。彼は明らかにバランスを欠くのだが、デアフィールド校の全てのホッケーの対外試合に出場した。こうした状況はある意味で典型的である。彼がデアフィールド校を選んだ実際の理由は、ホッケーの活躍は当然のこととして、デアフィールドの肩書きによってハーヴァードへの入学を目指していたことにあった。そして、彼はハーヴァードに入学し優秀な成績で卒業した。

校長は彼に魅力的にみえる、または望みがあるような状況では、自身の直感に従おうとする。一九五五年の九月、校長はワイオミング州サドルストリングの少年からの電話を受けた。少年はプリンストンへ入学したいのだが、サドルストリングからでは入学できないと思うのでデアフィールド校へ行きたいと言った。説明によると、父が自分の計画に同意しないと言っていて、だから授業料を払うことができないのだだが、ボイドンさんはときには授業料を免除してくれると聞いており、それで、どうかその秋に入学させてくれないかという。学校は二週間内に始まるし、もちろん秋からの席は全部埋まっていた。「ああ、いいとも」、校長は言った。「すぐ来なさい」。少年はやがてプリンストンへ進学し、最優秀生に選ばれ、ローズ奨学生となった。言うまでもなく、校長の直感は劇的な成功例だけでなく見事な失敗を招くこともある。また、時には両親が直接行動によって事態を逆転することもある。マット・レイはダートマス大学のフットボールのアメリカ代表メンバーになる人物であるが、彼の父はデアフィールド校が息子を入学させなかったのに怒って、少年を乗せて町まで走って来て、車のドアを開け少年を押し出し、走り去ってしまった。ボイドンは少年を入れた。マット・レイはいまやアカデミィの理事である。また別の父親は不合格の決定を認めず、双子の息子をデアフィールドまで連れて行き、校長の家に置いていった。ボイドンは二人を教育し、その一人は現在、教務の責任者になっている。

ボイドンの息子のジョンが学校の入学業務の大半の責任を担うようになった。それはかつてよりも秩序立てて運営されている。ジョン・ボイドンは学校の新入生の出身について興味深い見取図を示してくれる。デアフィールド校が公立校として出発したときは、もちろん、全ての生徒が地元から集まった。一九三〇年代から四〇年代になると生徒の七五パーセントが私立のプレ・プレップ・スクールから入学してきた。デアフィールド校は今日、七五パーセントの生徒を公立学校から集めている——ジョン・ボイドンによれば、優れた人材の大半は公立学校出身である。

第二次世界大戦の前、校長は卒業生が入学した大学へたびたび出かけた——ことにデアフィールドから一〇マイルと四〇マイルのところにあるアーモストとウイリアムズへは——よく行き、そして、いくつかの事例で大学の授業料を貸し与えた。彼はどのカレッジへ行くグループの中でも連絡係を指名した。そして全員の進歩について定期的な報告を期待した。学業の上で問題が起こると、校長はデアフィールド校の教師を派遣して問題のある卒業生を危機を乗り切るまで個人指導させた。何か道徳的または心理的に問題がある場合には、千マイルを旅しなければならないときでも、校長自身が出かけた。

今日、校長は白髪の大勢の聴衆のまえに立って、「ボーイズ……」と呼びかける。これは、今日、祖父や曾祖父になっている人たちがかつては夕会のとき、彼の足元の床に座っていたからだ。デアフィールド校には有名で優れた卒業生がいるが、他のプレップ・スクールの卒業生と比べて異例なほど多いわけではない。ただし、それは校長が着任したときそこにいた生徒が一四人だったことを考えに入れず、そして、彼らの後輩にロードアイランド州知事やメイヨー医療センターの医師、ウイリアムズ、ウエスリアン、マウント・ホリヨークの学長がいることにとくに注目しなければの話だが。もっと興味深いのは、デアフィールド校卒業生の職業選択である。もちろん現在では農場経営者よりも銀行家が多い。しかし、銀行家よりも弁護士の方が多いし、弁護士よりも医師が多い。そして、他のどの範疇に比べても、大差をもって、教育職にある卒業生が多いのである。

12

校長先生の演出

フランク・ボイドンを短くまとめるのはけだし無理であるが、バターフィールド学長の次のような所見はそれに近いところがある。「理念と共に政略がなければならない。つまらない奴にかぎってこのことを理解しそこねる」。ボイドンの政略はときにつまらないことに見えたが、それがしばしば感動をひきおこす。それをもっともよく示すのが彼の演出術とあらゆる細部への集中力である。よく言われるように、千の細部がかけあわさって一つの印象を作り出す。そしてデアフィールド校で全てを総合するのが校長である。彼は心に絵をえがく。ひとたび絵が正しく見えれば、彼はそれをその通り継続しようと望む。その絵を曇らせたり、焦点を変えるようなことは校長をいらいらさせる。運動選手への表彰、学業優秀賞、その他のどんな賞を渡されるときにも、生徒は講堂のステージに登らなければならない。校長は、生徒の上着のボタンが掛けられていることを確認するのに、教師を一人階段の脇に配置する。あるとき時間と費用をかけて演出される音楽会のプログラムが届いたが、印刷所が一つの名前の綴りを間違えていた。「Miller」が「Millar」と印刷されていたのだった。校長はプログラムを刷り直させた。彼はスカラ座の舞台監督のように野球試合を演出する。どの生徒も出席しなければならず、そして全員が入口でクリップ板を持った教師に出欠を記録され、かくして観客席は満席となる。人々は近隣のあらゆるところからやってくる。校長は試合の前に歩き回り、生徒の行動を指揮する。騒ぎすぎの方向へ鋭い視線を向け、全ての農民、薬剤師、歯科医、電線工夫などを入口で歓迎する。それから、選手のベンチに座る。音が大きく重々しいことでは軍学校の楽団にもひけをとらない彼の楽団は、「星条旗よ永遠なれ」や「双頭の鷲の下に」などで会場を満たし、この音色でデアフィールド・チームを床から一フィート半は持ち上げるところまでもっていく。デアフィールドのバスケット・チームはホームでの試合では善戦する。現に、遠征の時にはあまりぱっとしない選手たちがホームでは一試合も落とさずに全シーズンを終えたことさえある。校長はウエスト・ポイント陸軍士官学校生徒やアナポリス海軍士官学校生徒がフットボール試合で示すようなやり方が好きである。デアフィールドの生徒は自校主催の試合で、構内と下のフィールドを演奏行進することがあるが、それは校長がこうすることで愛校心と団結が表現されるものと信じているからである。現代の少年たちがこうしたことにシニカルにならないとは考えにくいが、しかし、デアフィールドの生徒の間でのシニシズムのレヴェルは非常に低いようである。「デアフィールド生の多くは、もちろん、注意深く育まれたイメージだ」と去年の六月に卒業した少年の一人は言う。「校長はこのイメージを細心の注意を払って維持していて、それが彼の成功の主要な要素なんだ。どれほどブーブー言いながらでも、フットボールの試合の行進をするときにぼくらは全員が大きな誇りを感じていて、『これがデアフィールドだ。やるならやってみろ。デアフィールドを負かすことはできないぞ』と叫んでいるんだ」。

一九二〇年代にエクセターのルイス・ペリーがデアフィールドを訪問したときに、校長はペリーが通る道筋にそれぞれポーズをとるよう決めた生徒を配置した。ある生徒は彼の机で熱心に読書をする、他の一人は先生の居間で新聞を拾い読みしている。第三の生徒は持ち物を整理している。何人かは二つの役割を担っていた。槍持ちが舞台から退場したしばらく後で、こんどは伝令か従者として登場するような具合に。初期の頃の運動部の遠征で、校長はハンサムな人物をまずバスから降りさせて、できるだけ良い印象を与えようとしたものだった。多くの行事の際に、彼はつねに生徒を背の順に並ばせた――高い者を前列にして。校長は早くから、その顔つきがなんとなくデアフィールドを意味するような血色のよい体育会系の少年のイメージをこころに描いていたようである。彼はこのイメージの生きた似姿を教会の前列の席や日曜夜の歌集会に配置し、長年にわたって、彼らのダンス委員会を組織した。それは女子校とのダンスパーティを計画し、運動部と同じようにデアフィールド年報にグループ写真が掲載された。他の年報の写真撮影を監督していたときに、校長は写真の前列左端にまず視線が向けられると考えて、血色のよい運動部の少年を選びその場所に座らせた。卒業生の一人は言う。「我々（の扱い）はまるで『ぜひ私たちの学校を見にきてください』という署名入りの絵葉書のように感じた」。生徒の求めるものや心にあれほどの洞察力をもつ人物でありながら、校長がこうした細工をしたときは信じられないくらいナイーヴであったように思われる。彼の発展しつつある学校を磨き輝かせるための努力ではあるが、少数の生徒が傷つくかもしれないことをまったく意識していなかったといわざるをえない。実際には、むしろほとんど全員がただ楽しんだだけであったが、いずれにしてもこれらの演出家的たくらみは生徒の知らない間に行われていたのである。

「さあ、諸君、この週末には多くの訪問者がくるぞ」と校長は毎週のように言う。「もし行く先が分からずにウロウロしている人を見たら、ぜひ助けになってもらいたい」。彼は教師たちと生徒たちを訪問者を迎えるために多くの場所に配置する。よそからきた人が何ごともなく町を通り抜けることはほとんどありえない。呼びとめられ、案内され、しばしば昼食か夕食に加わるように招かれる。「何事をするにも正しいやり方で、最良のことをしなければならないというのが校長の考えだ」と、カンタベリー校の校長で、かつてデアフィールド校の生徒であり、その後教師にもなったウォルター・シーハンは言う。さらに、「それが数千ドル余分にかかるとしても、つねに礼儀を尽しなさい」とも。

一九六〇年までは、アカデミィの交換台は校長の家の奥にある居間に置かれていた。彼はしばしばそこに座り、自分で交換台の仕事をした。「ハロー、デアフィールド・アカデミィです。しばらくお待ち下さい」と告げ、手馴れた様子でプラグを抜いたり差したりする。何十年にもわたって、アカデミィに午後一〇時三〇分から翌朝七時〇〇分の間に掛ってくる電話は校長の寝室で鳴った。およそ六〇〇人からなる共同体のために、校長は一人で真夜中の電話に応答していた。彼はとうとう四年前、八二歳のときに草臥《くたび》れたので、応答サーヴィスを雇った。今は機械がアカデミィのための小切手に署名するが、一九六〇年までは、校長が自分で一年間に約六〇〇〇枚の小切手に署名していた。彼の結婚披露宴で、校長は学校の建物に絨毯がないと騒いでいたが、以来、おなじように苦情を言い続けている。「床と壁を綺麗にできたら、それは靴を磨き清潔なシャツを着ているようなものだ」と彼は言う。彼は床にモップをかけているところを見られている。彼は体育館の床を真鍮を磨くように磨かせ、教室の床を毎日磨かせている。汚れたガラス窓は一つもない。校長はコーチに告げたことがある。「ボブ。今日、練習の後でロッカー室に入って見たら、テープが床についていたよ」。

彼は基本的には節約家であるが、自分が欲しいものを得るためにはいくらでもお金を使う。構内のあらゆる場所に定期的に切花が活けられていて、学校の売店のそれぞれの机にはバラのつぼみが一輪ずつ活けられている。運動のユニフォームは手に入るうちで最上のものが用意されている。食堂は夏休み中も開いていて、誰でもそこで食事にありつける。一年を通して出される料理に分量の制限はなく、美味しい。学校の全ての調度は家具から石壁まで、堅固で趣味がよく、また高価なものが整えられている。たいていの独立学校はビジネス・マネジャーを置いている。デアフィールド校には、当然のこと、そのような人物は居ない。というのも、そのようなマネジャーは校長が確立した慣習の多くをきっと壊すことになるだろうからである。人々が校長に経済について話をし、他の学校と比べてデアフィールドの支出がいかに多いかを示す図表を渡すと、校長は他の学校が本当のことを言っていないという。「われわれは経費を切り詰めることはできない」と彼はいうだろう。「そうしても節約にはならない。切り詰めれば、何かを犠牲にすることになる。犠牲は甚大なものになるだろう。デアフィールド校は金がかかるのだ」。

細部は長い間に積み重なって、比べるものがないほど印象的に見える場所になっている。草もそこでは表土から一四インチの高さで生い茂り、いくらか緑が濃くみえる。そして長年にわたって校長はジャックナイフを手にして芝生の雑草を抜いて回った。去年の夏、彼が妻と娘をゴルフ・カートに乗せて走っていたとき、地面に紙くずを見付けた。彼はカートを止め、二人の女性にくずを拾わせた。去年の秋、雨でびしょ濡れのフットボール試合の一時間ぐらい後で、彼はフィールドに戻り、暗くて何も見えなくなるまで、降り続く雨の中を一人で動きまわり、選手たちの靴のスパイクで引きはがされた芝生を埋め戻していた。

13

校長先生の手紙

校長にとって、一日の校務パターンは校長が自分でかなりの部分の教育を担っていたときとは違っているが、ここ五〇年間そう変わっていない。「校長と一緒にいることはできない」と教師の一人はいう。「彼についてゆこうとしても、午後四時までにどこかで振り放されるだろう」。彼は六時か、それよりすこし早く起きると、服を着て髭を剃りながら、しばしば祈る。彼が祈るために立ち止まったりしないのは注目されるべきだ。家族の一人の言葉によると、「彼は何事を始めるにも必ず祈る。いつも祈っている。主が自分の面倒をみてくれるという完璧な信仰をもっている」。あるとき、独りでいると思って彼は鏡に向かって「私はクソ馬鹿だ」と言った。彼の子どもの一人がそれを聞いていたことに気づいた彼は言った。「クソなんていってないよ。祈ってるんだ」。めったにないが、校長は自分の仕事について瞑想する気分になる。最近、そのようなときに、彼は言った。「どうだろう。ごく真面目な話、主がミセス・ボイドンと私とにここでこの仕事をさせなかったということがあるだろうか」。

七時に秘書が到着する。そして校長は待っているとき、書斎でボストンの新聞を腕をのばしてもち、立っているので、その後ろに彼はかくれてしまっている。彼は暖炉に火を点ける。彼の健康が保たれている一つの理由は暖炉の火の使い方にあるかもしれない。彼はパチパチはぜている薪の火から遠くにいることはない。彼の二つの仕事机から五フィートと離れていないところに暖炉がある――家にも校舎にも。彼が口述する間、暖炉の火覆いの上に腰を掛け、身体に火を通す。彼は何より手紙が好きだ。彼は手紙にとり掛かるのを待ちきれない。それは他のあらゆる日常の仕事に優先する。彼は平均して一日に三五通の手紙を書く。ときには七〇通も書くことがある。口述しながら、彼は便箋を床に撒き散らし、封筒を暖炉へ投げ込む。彼は検討を必要とするような手紙に興味をもたない。というのは彼の打率を保たなければならないからである。彼はある種の透視力を養ってきた。彼は届いた郵便の山をじっと見て、その中から小切手同封のものを間違いなく摘み上げる。彼はおもに卒業生と両親の手紙に返事をするが、出生通知やクリスマスカードにも必ず返事をする。彼は受信全てに返事をする。礼状にも礼状を出す。石油ヒーターの販売員が製品の説明書を送ってくれれば、興味がないという旨を知らせる。過去六四年間に、彼は約五〇万通の手紙を書いたが、その全てのカーボン紙の写しが校舎の屋根裏に保存されている。「校長は些細なことにも優しい礼状を書く」と彼の現在の秘書は言う。ある意味で、彼は自叙伝を書いているのである。

【一九四三年一月二五日】

フィル様

……フォクスボロはつねに私にとって大切な場所で、ただ残念なのはもっとたびたび家に帰れないことです。振り返れば我々の時代の若者は実に堅実で意味のある活動的な生活を送ったように思います。まさにそういったものを私はデアフィールド校の生徒に与えようとしてきたのです。

【一九五二年一〇月二八日】

ローラ様

フォクスボロに住めなかったのですが、デアフィールドは美しいところで、私はここで生活できることを感謝しています。……私はフォクスボロでの日々や、みんなが日曜は教会へ行き、ときには日に二回も三回も行ったことをよく覚えています。また、貴方の父親は私の知るなかでもっとも偉大な農場主の一人で、貴方の農場はフォクスボロで最上のものだと思っておりました。

【一九二二年一月二一日】

ホワイト様

ご存知かと思いますが、ハーヴァードは我々に親切で、二度か三度、もしハーヴァードへ生徒が行くように我々が影響力を行使するなら、奨学金を出せるかもしれないとほのめかしてくれました。しかし、私は自由な立場でいる方がずっといいし、それに有力な影響力はアーモストへ向けたいと思います。

【一九二二年二月二八日】
ボブ様
……この手紙はある老齢の女性を思い出させます。彼女は私たちと同居していて、その舌は止まることを知らず、また私の兄がいうには彼女の問題点は思ったことをすぐ口に出すことでした。たぶん貴方は二、三の点でもつれを解きほぐすことが必要だと思います。

【一九二七年二月一五日】
レノルズ様
私の前回のものと同じタイプで同じ生地のスーツを二着注文いたします。

【一九三〇年四月二三日】
スティーヴンソン様
四月二二日付の貴信受け取りました。私のアライグマの外套の全面保険を一年間更新して下さい。

【一九四九年六月一六日】
ハモンド夫人
私のミドルネームは珍しいので、その由来をよく聞かれます。私の父母はむかしダンヴァーズの学校で教鞭をとり、教会執事のリアロイド一家と住んでいました。両親は後にフォクスボロに戻り、父は鋳物業を営みましたが、彼らの生涯でダンヴァーズほど大切な場所はなかったようです。両親はいつもその場所とそこですごした幸せな年月のことを話していました。……

彼は早口で口述する。七時三〇分頃、妻が食堂から彼を呼び、朝食の用意ができたと告げる。「すぐ行くよ、ヘレン」と彼は言い、手紙を書き続ける。客には「座って朝食を始めて下さい。私はごく簡略なものだから」という。彼がこういう意味はやがて明らかになる。完全な朝食が用意されていた――グレープフルーツ、エッグカップの茹でたまご、ベーコン、トースト、それにママレード。テーブルは見事に整えられている。彼はやっと食卓に歩みより、しょっちゅう真似されている声で、妻にハローと言う。それは愛想のよい鼻にかかったものである。それからテーブルの角に立ったまま、カップを手にして白湯を飲む。何もつけないトーストを一切れ食べる。ズボンのポケットへ手を入れて、そこに小銭のように入れてあるバラバラの錠剤を取り出すと、三、四錠飲み込む。二〇秒ほどで彼は朝食を終える。今朝はルートビアも動物クラッカーもなし。彼は仕事に戻る。

【一九二八年二月三日】

チャールズ様

あなたのメンズクラブで話すようにというあたたかい招待ありがとう。不運なことに、私には一つの話しかできません。それは一般的にいえばデアフィールド・アカデミィの発展物語で、個別的にはトム・アシュレィの物語です。その話をして聴衆が質問するのに答えるということでよければ、喜んでそう致しましょう。

【一九三四年一二月一〇日】

グレーヴズ夫人

バプテスト教会の淑女に話をという心のこもったご招待ありがとうございます。しかし、私は自身の話す能力の限界を知っている少数の校長の一人であり、ここ数年どこでも話したことがないのです。

【一九五三年九月五日】

バニスター夫人

出席して、一言か二言、話すことは致しますが、ドワイト夫人がご承知のように、私はまったく不向きです。うまくできませんし、しないで済むならやりたくありません。ドワイト夫人は、貴方もご存知ようにいつも上手に話しますし、どれだけ長くても話ができます。

【一九五三年九月二八日】

カウドレィ様

貴方の手紙は心を動かすものです。あなたのアーモスト、コネティカット川流域、それに西部マサチューセッツについての感情に共感します。私自身の家郷はフォクスボロですが、デアフィールドにもう五一年も住んでおり、この地域で私の生活を送っていることを感謝しています。……何年も前に、私は自分がよい話し手ではないこと、またそれは私が何かを言う資格のある分野ではないことを自覚して、もう長い間スピーチをしていません。私には特定の話題がありません。私は教育以外の問題については、どのようにして取り上げてよいのかまったく分かりませんし、私の仕事のなかで、生徒と彼らの学習と活動に本当の個人的興味を抱く以外、特定の理論やポリシーもなく一日一日を進んできました。私が努力してみたところで、貴方はきっと失望なさることだろうと思います。

【一九四九年九月八日】

ウイルク様

デアフィールドについて、また特に私について映画をつくることは得策とは思えません。けれどあなたが興味を示されたことには大いに感謝していることをお分かり下さい。

【一九四八年六月一二日】

ガーランド様

私が引退するという噂をいくつか聞いていますが、私自身にはその心算は全くありません。

校長のこれまでのどの秘書もこの場面を覚えている。校長が口述しているあいだに、彼の馬丁が校長の馬車を挽く馬の一頭の運動をさせるために窓の外を通る。校長は文章の途中で立ち上がり、前扉から出て行き、手綱を取る。彼は馬車を十分ほど乗り回して戻って来ると、暖炉の覆格子に腰を下ろし、文章のちょうど彼が中断したところから口述を続ける。彼は一六台の二人乗り馬車と四頭の馬を所有している。「私には馬と馬車に替わるものは何もない」と、彼は言う。「(馬車に乗ることで)私はかつての時代に戻るんだ。近頃、あまり乗らないが、馬たちがそこにいることだけで、大いに気持が満たされる」。デアフィールドに来てから、長年、彼は馬車を駆ってフォクスボロへ帰った――二日間かけて、九十マイルの道のりを行き、ウースターかベアで一晩泊まっていた。自分の子どもたちが成長してから、彼は子どもたちの誕生日と、同じ頃に生まれた子馬の誕生日とをしばしば混乱させた。馬の行動についての校長の知識は少年たちを扱うのに役立つし、その逆も多分真であろう。彼が旅行に類することを行ったのはただ一度、ゴーションへ行ったことである。校舎の校長室の壁には他の物と並んで、アソウルトのものを含む六枚の馬の写真と、馬と馬車の借用を感謝するアイゼンハワー大統領からの礼状がかかっている。ボイドンの大きな黒いキャデラックの突端に付けられた飾りは、クローム鍍金《めっき》の一頭立二輪馬車で、アーモスト大学の友人の一人の贈り物である。ある日、その車がニューヨークの四一番街と七番街の交差点で信号待ちをしていたら、歩道から一人の男が歩み寄り、窓から頭を突っ込んで、――彼が競馬王だと思い込んで――校長にその夜のローズヴェルト競馬の最新秘密情報を尋ねた。校長の妻は馬が嫌いである。

【一九四六年八月二三日】

ダウニング様

お手紙ありがとう。実に楽しく読みました。もっと多くの人がよい馬を駆けさせるスリルを経験できればと思います。先週の水曜日、私の三頭の馬をみんな走らせました。一頭目のハリウッド・ロビンはかつてはとても早く走る競走馬でした。彼は普通の道なら時速一〇から一二マイルの並足で行きます。その力と強さにもかかわらず、たいへん御しやすいのです。彼は私と同じように走ることを楽しみます。二頭目、タリズマンは美しい栗毛で白い踝と白い脚を一つずつもっています。彼はどちらかというと繊細な馬ですが、道ではよく駆けて、ときによってはロビンよりも少し手が掛かります。三頭目、ドンは太った怠け者のモルガン種で貴方が望む速さで駆けますが、自分からは進んで騎馬の速度に貢献しようとはしません。ところが、彼は喜劇役者で、機会を得れば厩舎全体を大笑いさせます。

【一九五三年一〇月二日】

ブラウン様

昨日の早朝、馬の世話をしてくれるバート・チルトンがドンが重病だと知らせてくれました。ただちに、獣医を呼びましたが、手の施しようがありませんでした。彼はひどい心臓発作にみまわれており、間もなく亡くなりました。その時まで、彼はまったく健康で、その前の夜も穀物と干草を食べ上機嫌で跳ね回っておりました。貴方が彼をここに送ってくれてから、二八年間、どれほど彼が私を楽しませたか知って欲しいのです。彼はつねに魅力ある個性をみせてくれ、これほど私にとって大切に思える馬を他に飼ったことがありません。彼は旅が好きで、速足が彼の望むような速さでない時でも、私がどの馬でも経験したことのない、滑らかな歩調にすぐ移りました。彼との騎馬はつねに快楽でした。道に沿って栗鼠から雉に到るまで、多くのわくわくさせる光景が彼の注意を惹いたのです。彼には意地悪なところや不機嫌なところがまったくありませんでした。毎日のように彼に会いにきた小さな子どもを含めて、誰もが彼のいないことを寂しく思うでしょう。

【一九五三年一二月三〇日】
メイベリー御夫妻へ

たいへん気のきいたクリスマス・カードをありがとう。厩を持ち上げてみるまで、二輪馬車が厩の中に入っていたとは気がつきませんでした。あの頃は本当に古きよき時代でした。もっと多くの人が二輪馬車に乗ればよいのにと思います。私が馬車で出かけてもきわめて孤独です。私が馬を御している最後の一人かも知れません。しかし、我々が進むと人々が道の脇に立ち止まって、また自動車の人がみんな、マダガスカルを見つめているのには本当に満足します。彼は実に素晴しい小さな馬です。彼は小さな利口者で、何一つ見逃しはしません。なんとなく疲れたときには、いい馬に挽かせた馬車を走らせるほど、ゆったりした気分になり元気のでることは他にありません。

【一九四五年七月二三日】

ヒンリックス様

私は貴方の用箋の上部にある絵にとても興味をもちました。というのは、私が四十年前デアフィールドにはじめてきた当時、貴方の絵とそっくりのながい白髭を生やし、年をとった馬商人がいたのです。彼はどんな難しい馬でも苦もなく御すことができました。「ヒヅメの音」の購読料として三ドルの小切手を同封します。

校長の書斎にある本は入れ替わる。しかし、ある本は他の本よりも長くそこに留まるようである。そのなかには『馬大全科』、『四とおりの新約聖書』、『ハーバート・H・リーマンとその時代』、『財団名簿（*Foundation Directory*）』、『アーモスト大学への寄付方法』、『ジョナサン・アシュレィ・ハウス牧師』、『ジエームズタウン一六〇七―一九五七年』、『連邦議員名鑑』、『メイン州の草原からヴァーモントの湖岸まで』、『ミラーのカタログ（馬人のための全用具）』、『アフリカ作戦の岐路』、『優勝するフットボール・チームの育て方』、『ゾーンとマンツーマンディフェンスの教え方』、『アメリカの騎馬行進』、『馬百態』、『旧・新約聖書抜粋』、『独立私立学校』、『国立公園のスティーヴ・マザー』、『フィリップス・エクセター・アカデミィ――小史』。しかし、校長が好んで読むアガサ・クリスティの本は見当たらない。彼はそれらを上の階に置いている。校長には広く読書をする時間がないと彼は言う。しかし、彼にはある仲間内でいわれる、いわゆる拾い読みの才がある。ある本の途中から始めて、その本を全部熟読した人の記憶には留まらなかったような、しかし、まことに引用に値する断片を彼は拾ってくるのである。一年後、その断片は会話のなかにとび出てくる。彼はこのやり方について正直である。「とても面白い本を読んだよ」と言い、それから次のように言って訂正するだろう。「本当は読んだというわけではなくてね、本を開いたんだ」。彼の居間にある雑誌は教員たちの多様な興味にあわせるように雑多な種類が散らばっている。『野生生物保護家ニューズ』、『アメリカの森林』、『ニューイングランドの農夫』、『現代思想の主流』、『プロテスタント教会の建築と調度』、『ナチュラル・ヒストリー』、『合衆国の投資家』、『国立公園雑誌』、それに『マサチューセッツ評論』『エミリー・ディキンスンについての新説』。

【一九四七年三月三一日】

サリヴァン様

ここ二週間ほど留守にしていたので、フォクスボロ『レポーター』誌の二月二八日、三月八日、三月一五日と三月二七日号を読んでいません。これらの号の余部があれば、お送り下されば幸甚です。

【一九三四年一〇月一三日】

ケイトン様

先日、貴方の誕生日記念のご通知を拝受し、貴方とケイトン夫人にお祝いの手紙を書きたいと思います。私は貴方の家で過ごしたときのことをいつも楽しく思い出します。そして日曜の夜にはときどき、貴方が教会でみせて下さった幻灯のことを思い浮かべます。

【一九三五年一月二五日】
フィニティ様

貴方の八十八歳の誕生日の記事をフォクスボロ『レポーター』で興味深く読みました。私たちが教会でよく会った日々のことをよく覚えています。

【一九四六年一二月一六日】
トンプソン夫人

最新のフォクスボロ『レポーター』を読んでおりましたら、貴方の誕生日を失念していたことに気づきました。今回はお許しください。来年のために私のカレンダーに書き込んでいるところです。

九時に彼は口述を止め、ブラウジング・ライブラリィ[訳注1]を通って学校の建物へ入る。ライブラリィの天井は高く、壁はオーク材で、書棚には辞典類が並び、オークの長い机には新聞が置かれている。今朝は、男性と女性と少年が若い入学担当者に面接を受けるために、明らかに落ちつかない感じで片隅に立っている。校長は彼らに歩み寄って言う。「こんにちは、ボイドンといいます」。その人たちはミネソタ州からやってきた。校長は生徒が色々な地方から来ていることが独立学校にとっていかに大切かを詳しく説明する。彼らはひょっとして、学校新聞に載ったローデシア出身の少年の書いた記事を読んだりしているだろうか。（読んでいなければ）校長は彼らの手に入るよう手配するだろう。彼はそこから広い廊下へ移り、そこでラトガーズ大学の入学主事とプリンストン大学の入学主事に会う。校長は彼らに最近ニューヨーク市のクラブで会った人の話をする。その人は、校長がマサチューセッツ州デアフィールドを話題にしたのを聞いて、「そこにお住まいですか」と尋ねた。

校長は「そうです」と答えた。

「そこで学校をやっている老人をご存知ですか」

「イエス」と校長は答えた。

「彼はいくつです」

「八十六歳だと思います」

「まだ動きまわれるんですかね」

長距離電話が女性から掛かってくる。息子がすぐに大学に進学したくて、デアフィールドの最終学年を正式に終了しないことに決めたという。校長は机の上の受話器でその電話に応答する。電話を置いたとき、廊下に運動主任がいるのを見て、校長はスポーツ行事のあとの交歓会がうまく運営されていなかったと苦情を伝える。

［訳注1］図書館などの閲覧室。雑誌や新聞など自由に読める。応接室の代わりに使われることがある。

他の学校の校長――かつてデアフィールドの教師であった――から電話が入る。「うちのチームが一七対一四でリードしていたときバックスのうまい選手の一人がパントを取りそこなったんだ」。ボイドンは相手に言う。「アンドヴァー？　エクセターよりほんの少しましな程度だ。エクセターと試合するのは、このへんの小さな高校とやるようなものさ。心配ないよ」。

校長はアーモスト大学総長カルヴィン・プリンプトン宛に電話を入れる。ウォール街の証券会社からアーモストとデアフィールドへの信託証券の移譲について付けられた条件に関して文句を言うためである。「いずれにせよ」、校長は言う。「それはチャーリィの金だった」。これはアーモスト一九〇八年クラス卒で、校長の親しい友人であった故チャールズ・E・メリル、メリル・リンチ、ピアース、フェナーおよび（彼の時代には）ビーン社の創始者、に関することである。

「金を寄付することほどいいことはないよ」と、メリルはあるとき幸せそうに校長に言った。

「チャーリィ、まったく異論はないよ」と校長は答えた。

校長は机に座って生徒たちが授業の合い間に行き来するのを眺める。彼は生徒に合図し、二人を呼び止めて質問する。建物が静かさを取り戻すと、彼は階下に下りて複写室に入り、そこで書類をいじり、ゼロックス複写機について文句をつけるが、それはときどき紙詰まりを起こすからではなく、それが機械だからである。彼は別の部屋に入り、校友会担当の秘書に前日のニューヨーク出張について話す（ロックフェラープラザ三〇番の外にいた人は、すこし猫背の校長が草臥れた鞄を抱えて寒風の中を外套なしで車を下りるのを見たであろう。彼はドア係に一〇セントを手渡し、たいへんに疲れた様子で巨大な摩天楼の回転ドアに向かった。心ある人ならば、学校のために長く消耗する旅をして、一人で一日中、市中を回る校長のためにできるだけのことをしたいと思ったであろう。けれども、その哀感は修正されることになる。というのは回転ドアから出てきた彼の鞄の中に一〇万ドル入っていたからである)。校長はこの額を校友会担当の秘書に報告する。「私は年をとって弱弱しく病気のように見える」と、校長はデアフィールドの父母に募金のやり方を語ったことがある。その仕事の全般について、彼は自分を無力に見せる技を入念にみがき上げてきた――たびたび彼はその才能を実践にうつす機会を見出したものだった。

彼は学校の書籍店を担当する教師と店の改装と規模の倍増について話し合う。階下の廊下はコーヒーを飲む教師たちで混み合っている。彼はつぎつぎに教師と話す――一人当たり三〇秒ほど。彼は小部屋に入り、教師たちの建築委員と新しい図書館のアイデアについて相談する。委員には息子のジョンも含まれている。彼は階上へ戻り、インド出身の少年と話すために立ち止まる。この生徒はプリンストンの入学係との面接を控えている。他の校長からの電話が入る。彼も先の電話の校長と同じく、以前デアフィールド校の教師であった。物理の教師が辞めたので至急代わりを必要としている。ボイドンは心当たりを探してみようと返事をする。ソワスモア大学からの入学担当と数分間話をする。二十数通の手紙に署名する。彼の筆跡は力強く率直であり、流麗ではないが見事である。今世紀には彼のような書法は広く教えられていないし、実践されなくなっている。マサチューセッツ州立大学の理事仲間が立ち寄ったので、一〇分ほど相談をする。校長はその大学の理事長である。マサチューセッツ州立大学はかつてアーモストの町にある小さな農科大学であった。一九五〇年代の初め、千人の学生がおり、大学はマサチューセッツの全ての州立学校同様、完全に州議会の規制に服していた。大学は自主的に何も決めることができず、州の承認なしには新しい教員を採用することも、新しいコースを開くこともできなかった。ボイドンは時間をかけてそれを変革した。一九六二年、彼は州立大学に自治を与えるよう議会を説得した。大学は在学定員を一万三千人以上に増やし、数年のうちに、二万人にまで達した。著名な建築家による新しい建物はもともとの校地から周りへ広く散在している。新しい建物の一つ、合衆国で最大の体育館は、フランク・L・ボイドン体育館と命名されている。ボイドンはこれら全ての開発の決定を手綱さばきよろしく主宰した。ボイドンは、その多くが州の東部出身である同僚理事の間で、「西部一の早槌」議長として知られていた。

校長は理事仲間にブラウジング・ライブラリィの扉のところで別れを告げると、八分後には、入学志望の息子を連れてきた卒業生と話している。それからハーヴァードで面接を受けたばかりの少年と、さらに他の卒業生とその夫人とも会う。グロトン校からの来訪者がデアフィールド校の新宿舎に感心していたと告げにきた教師には六〇秒が割かれる。さらに別の入学志望者が父親と一緒に建物にやってくる。校長は父親に少年が別のところで面接を受ける間、座って話をするように勧める。校長のこの父親への対応は、こうした事柄としては、例えば、ベツレヘム鉄鋼会社社長に対するよりも興奮気味であるので、この人は大リーグ・チーム関係の仕事であるに違いない。案の定、彼は大リーグ・チームの所有者である。校長は自分がもはやデアフィールドではコーチをしていないと言い訳してから、レオ・ドローチャーとワレン・スパーンのことを話し始めた。会話は一時間半以上続き、一度も、彼がデアフィールドにやってきた目的には触れられないが、彼の息子が入学できる確率は十割である。彼らが出て行ったあと、校長は午後の予定を検討し、数学の教師と数分間話して、自習室へ行き、居眠りしている少年の腕に触れて起こし、机に戻ってさらに手紙に署名し、プリンストンの入学担当者に新しい話をして聞かせる。

ほどなく正午である。彼は家に戻り短い昼寝をする。彼が昼寝するのは、八六歳で、仕事を続けるためにそれが必要だからではない。彼はこれまでの生活を通じて昼寝をしてきている。たぶん暖炉の火以上に、昼寝は彼の働きの不可欠な要素である。彼はどこでも、どんな時にでも、完全に眠ることができる。そうしようと思えば、三分足らずでも、熟睡できる。ときどき両親を面接している間に、彼がボタンを押すと秘書が現れ、電話が掛かっているという。失礼といって彼は部屋をでると、五本の指を見せ、彼が眠りたい長さを示す。彼は肩掛けを身体に掛ける。三〇秒もかからず眠りに落ちる。五分後、起こされる。彼の手が開き、今度は指が三本立つ。秘書は三分後、彼をふたたび起こす。彼は起き上がり、一晩熟睡した後のように、溌剌として面接に戻る。この技術の第一の要素は、彼がいつでも、どのような事柄についても綺麗に心のなかから洗いながせることである。それから、彼は町の北の端から始めて、最初の家に誰が住んでいるかを思い出そうとする。ジョージ・ラント。そして、次の家に移る。彼が三番目の家の次を考える必要はまったくない。交換手が電話をつなぐのを待つ間でも眠ることができる。自動車で旅をしているときはほとんど、口述しているか眠っている。コーチをしていた頃、チームを連れた遠征旅行では、彼は移動中ずっと眠っていた。彼が眼を覚ますのは、彼のいう「子どもじみた騒ぎ」やいかがわしい話を耳にしたときである。彼は「止めなさい」といい、また眠りに戻ったものである。

校長は午睡から覚めると、昼食前に学校の周囲を見回ることに決める。彼は生徒であれ教師であれ、彼の姿を目にする人の数が多ければ多いほど、学校の運営はより円滑になると確信している。「貴方はどこにも混乱したところを見ることはないだろうと思う」と校長は言う。（最近のこと、彼はデアフィールドからウースターを経てシカゴに行き、デアフィールドに戻る複雑な旅に出かけることになっていた。彼はウースターに着いたが、デアフィールドに引き返すことに決めた。午後の五時に、彼は校地に着いた。その時間帯でたまたま、生徒が一番集中しているのは体育館であった。校長は体育館に歩いて行き、二分間そこに留まったあと、建物を出て、シカゴに行った）。ゴルフ・カートに乗り最速にスロットルを入れて、オルバニー・ロードを飛ばす。その道は校地の中心を通り、長い町道と直角に交わっている。彼は円を描き、曲がり、ハンドルから手を離したまま運転し、坂を下り、小枝を擦り、やって来る車に向かって左側を走り、障害物が急速に迫っているのを無視して、人々に手を振り、警笛で挨拶する。彼は実際には車の運転法を知らなかったが、かつては所有する古いポンティアクに乗ってデアフィールドの周辺を走り回っていた。どこへ行くにもセカンド・ギアを入れて全速力で走ったが、それは彼が入れ方を知っていたのはセカンド・ギアしかなかったからである。当時は、人々が彼の進路を避けることを知っていた。今日でも、ゴルフ・カートは危険が少ないが、誰もが注意を払って避けている。彼は野球のフィールドに乗り入れ、二塁の辺りでぐるっと回って、そしてアカデミィを振り返る。「自慢はしたくないが、我々が得たものに感謝しよう」と彼は言う。「美しいだろう？　我々は長い間、何もなかっただけに、何年も何年も何が欲しいかを考えなければならなかった。私はできるかぎりたびたび見て回って、それがそこにあることを確かめるんだ。今日のような日には丘に影がさして、川に霧がかかるのが見られる。私はこれまでの生涯をこの田舎に住むことができて実に幸せだ」。

校長はジュニアＡサッカーのコーチを見つけて、つかまえるために三〇〇ヤードほど車を走らせ、数時間後に始まる試合の後の歓迎会をどのように進めるかを指示する。「歓迎会がこの秋のものよりちゃんと運ばれるようにしたい」と校長は言う。「生徒が売店でぶらぶらしてから、アイスクリーム・コーンを手に歓迎会場に来るようなところは見たくない」。彼は歓迎会が予定されているメモリアル・ビルへ車をすめる。というのは、全ての準備が適切に整えられているかを確かめたいからである。建物に入るまえにゴルフ・カートの鍵を抜き、ポケットにしまう。彼は出るときに窓枠の埃をすこし拭う。体育館に入り地下のフットボールのロッカー室に寄り、体重を量る。一四四ポンド。彼は満足である。「ウースターを倒せ。今年は強敵だぞ」と黒板にあるのを見る。「がきっぽい」と彼は言い、その言葉を消す。ジムの正面階段で踏み潰され口紅の付いたタバコの吸殻を摘み上げ、鼠の死骸でもあるかのように建物の中に運ぶ。ゴミ箱にそれを捨て、ベンチのゆがみを直し、それから妻と昼食をとるために家に戻る。

また昼寝した後で、しばらくぶりにミシガンから妻と息子を連れて来た卒業生を一時間ほど学校案内する。それからキャデラックに乗り込んで、約束のあるアーモストへ出発する。車はフォスター・Ｆ・バビノーが運転する。ファジーと呼ばれている彼は五〇歳代の後半である。ファジーの仕事の前任者は彼の義理の父親であった。大きな幹線道路で、校長はときどきストップウォッチを取り出して、マイル表示を通過するファジーの速度を計測する。その数字に満足しないときには、校長はファジーに速度を上げろという。二三年間、校長は彼に速度を落とすようにいったことはついぞない。ファジーは言う。「それでまあ、俺たちはちょいといかしたドライヴをしたもんさ！」。校長はデアフィールドで車に乗るとファジーにどこへ何時までに着かなければならないかを告げる。そこからは間に合うように走るのがファジーの役目である。たとえ目的地までのマイル数が約束の時間までに残された分数より長い場合であっても。それはファジーの義父のときも同じだった。当時、校長は長旅にはたびたびミニットマンという名の列車を使ったが、もちろん、それに間に合うよう乗車しなければならない。ミニットマンの路線は学校の丘の裾に沿って西方に向かい、川を渡っていた。校長は列車が通り過ぎるのを待ってから出てきて車に飛び乗ると、ファジーの義父に追いかけろといったものである。あるときは、彼らは次の駅で、あるときは次の次の駅で列車をつかまえて、逃がしたことはなかった。一九五〇年、ブリンクス強盗事件の夜、州警察の捜査陣がキャデラックに近づいてきて、ファジーに手で（停車の）合図をして車を下りるよう命じた。車を捜査するためである。校長は眠っていたが、起き上がって言った。「引き上げろというんだ」。警官は引き上げた。ファジーは誰よりも長い時間を校長と過ごす。「どんなときでも俺はしかられたことはないよ」とファジーはいう。「それがたいしたことでないっていうなら、何がそうだっていうのかね。まったくたいした人だよ。何たって、あの人には天気なんて問題じゃないんだから。猛ふぶきの中、デアフィールドから出かけたこともあったよ。先生はすごい人さ。屋根のついた橋よりドライな人さ」。

校長の約束場所はアーモスト大学の新しいロバート・フロスト図書館で、彼はデアフィールドの建築家のウイリアム・プラットに頼んでそこで彼と会い、フロスト図書館のいくつかの特色を参考にして、デアフィールドの新しい図書館について相談することになっていた。彼は建築家にこれが中等学校の設備としては、他に比べるもののない建物を創造するまたとない機会であることを指摘する。次に、建築家に彼が求める各要素の構成具合を詳細に伝える。デアフィールドに戻って、ハーヴァードの若い三人の入学担当者と夕食を共にする。校長は、彼らの優れた先輩で彼らが生まれる前に亡くなっている、彼の親友であったディーン・ペニーパッカーの思い出を語る。

六時半、教師たちが校長の居間にあふれて、食後のコーヒーを飲んでいる。この日ごとの行事のなかでときとして、校長が手を打ちならして、みんな忘れずに役場に行くように、そして地域利用規制や、起債など、この流域一帯の政治の問題となっていることについて投票するようにと呼びかけることがある。校長が教育を直観にしたがって行うとすれば、彼は政治を本能によって行う。彼は自分の学校を創り上げながら、いかなる学校の校長であれその地位にあることに伴って手にするのとは、比べものにならない強力な政治力を築いていた。ボイドンは地域のあらゆる教会の夕食会を回ることから始めた。彼は何年も町の公安員を務めた。州の会議には地区代議員として出席した。そして、自分のアカデミィを地域の利用に開放した。何十年間も、三、四週間ごとに、数百人が集まる晩餐会を開催した――赤十字、郡不動産評価人、共同募金、工作機器会社の年次祝会など。校長は無償か、ほとんど費用を取らなかった。毎月一回、地域のメンズクラブが一人五〇セントで厚切りのローストビーフを振舞われる。卒業式には、アカデミィ大晩餐会が開かれ、どこの誰であれ加わることができ、数百人が来る。校長は地域の人々にお返しをしているのである。彼にお金がなかったとき、アカデミィ大晩餐会は農家の主婦たちが準備し、料理を持ち寄ってくれた。第一次世界大戦時、アカデミィの生徒は地域の実業家を助けて貨車から荷物を下ろしたし、第二次世界大戦中は馬鈴薯の収穫を手伝った。校長はつねに生徒に地域に対する責任、みんなが協働する市民になる必要性を説いた。この基盤から彼は「西マサチューセッツにおける大物政治家」の地位を築いたとグリーンフィールドのある人は言い、さらに言葉を継いで、「州のこの地方の誰もみんなが選挙に出馬を考えるときには、校長に相談すると言う」。マサチューセッツ州警官の一人が「この辺の重要人物の中で、校長だけが我々をみんなファースト・ネームで呼ぶ」と言ったことがある。一九五九年、ネルソン・ロックフェラーが共和党の大統領候補の指名を争うかどうかを決心するために、ニューヨークでの会合にニューイングランドから一〇人を招いた。ボイドンは一〇人のうちの一人であった――そしてそれは、前にロックフェラーが二人の息子をデアフィールドに送っていたからではなかった。チャールズ・メリルの遺言は複雑なものであった――それはデアフィールドとアーモストと他の組織への支払いを多年にわたって行うよう定めており――税法上は受益者に不利な決定が下されていた。受益者は何百万ドルを失うことになり、その状況を変える唯一の方法は連邦議会の立法によるしかなかった。そのような立法の可能性はないと誰もが考えていたが、校長は違っていた。そこで一九五七年のある日、ボイドンは単身ワシントンに出かけた。そこで短い時間で連邦下院、上院、閣僚、それにホワイトハウスの彼の知人を訪ね歩いた。法案が起草され成立した。校長は最近、州間高速道路の予定路線をわずかに肘を動かすだけで変更させた。流域一帯のどれだけの数の人が校長の全面的、部分的な支援を受けているのかは誰にも分からないが、それが相当数にのぼることを誰も疑わない。しかしながら、彼の慈善心が考えなしのものであったわけではない。一九四〇年、グリーンフィールドの人が校長に手紙を送り、お金がない、冬が近づいてくる、子どもは病気をしている、それで石炭二トンを恵んでいただけるなら深く感謝すると訴えた。校長は彼に石炭を一トン送った。

【一九五五年九月二九日】

シャーム様

大統領の誕生パーティは失礼しました。というのも、我々はペンシルヴェニアのパーティで本当に楽しい時を過ごしていたもので。

親愛なるアイゼンハウワー大統領

お手紙ありがとうございます。私はジェームズタウン、ウイリアムズバーグ、ヨークタウン祝賀委員に任命して下さったことをいつも感謝しております。……貴方が下さった三〇分の面会のことを楽しく思い返します。その一分で貴方はデアフィールドを訪問できないといい、二九分残っているから、我々二人共が興味をもち経験のあること――すなわち、一七歳から一八歳の少年について話そうといって下さいました。また、貴方とアイゼンハワー夫人がハーシィでの誕生祝いのときに、私のカートをお使い下さったのもうれしいことでした。

【一九五七年九月二四日】

ネルソン様

これは返事を必要とする手紙ではありませんが、貴方がドジャーズをブルックリンにひきとめる努力をしていることに、私は大きな関心を寄せていることをぜひ知らせたかったのです。

【一九二三年一二月一五日】

サリヴァン司祭様

一二月八日付のグリーンフィールド・レコーダー紙を見ておりまして、貴方が聖職に叙任された記事に気づきました。貴方の学業が修了したことを心から喜びます。この地域で運動競技や他の活動を通じて知ることになったどの少年の進路についてもたえず強い関心を抱いています。貴方がターナーズ・フォールズの高校に在学中の活躍から、貴方には真の指導力があるといつも信じておりました。

今夜、通常の夕べの集会のかわりに、訪問中の卒業生が南氷洋の氷の下に潜ってアザラシの音を録音した経験を話すことになっている。校長がまず話をする。生徒に卒業生が帰ってくるのがいかにうれしいことか、ことにそれほど遠い珍しい場所からであればと、この調子で話し始めると、全校生徒の前で自分の持ち味をあますところなく発揮する。彼はダブルの背広の両襟を握り、寒いときのように引き寄せる。彼は鼻に皺をよせる。笑みを浮かべ、話を中断して柔らかな、音にならない笑い声を立てる。講演を聴くために座ると、一方の足首をもう一方の膝の上に乗せる。

夕べの自習時間が終わると、校長の居間はまた人で一杯になる――今回は代表チームの選手たちがミルクと（一緒に）クラッカーを食べ、黒板を前にしてコーチの話を聞くために集まる。コーチは今ふうで、非常に有能で、技術を大事にする。校長は短い言葉を加えるが、まったく技術用語の類ではない。フットボール、バスケットボール、野球選手らの短い夕食後の集まりは校長の家で約五〇年にわたって行われてきた。少年たちが去った後、校長は椅子に座り、足首を膝に乗せて、言う。「四〇年前に比べて、力や元気が減ったとは感じない。もう三年もちこたえられればと思っているところ」。

一九三〇年代の末には、デアフィールド校に息子を入学させようと考える親の中にためらうものもいた。校長は六〇歳に近く、キャリアの終わりに近かろうと考えたからである。この一人はヘンリー・N・フリントで、それでも息子をデアフィールド校に入学させようと決めたが、今やアカデミィの理事長であり、またデアフィールドの多くの家屋保存のための資金を供与する財団の長である。校長自身、一九三〇年代に教師団の一人に言った。「一つ残念なことは、デアフィールド生がどのような活躍をするか確かめるまで生きてはいないだろうということだ」。一九四〇年代半ばに、校長は「もう五年間だけもちこたえられるなら……」と言い始めた――その時の彼の計画を話しはじめるためのお決まりの前置きである。彼はこの同じ表現を一九五〇年代も一九六〇年代の始めにも使った。今、彼の居間で彼は繰り返す。「もう三年もちこたえられればと思っている。五年といいたいが、自分の歳のことはよく意識している。いいかい、私はそれについて利己的ではない。あまりに長く留まって誰かに厄介をかけるつもりはないよ。ただ、この図書館の完成をみとどけたいんだ。たぶん、いつかは引退しなければならないだろうけど、まだはっきりとその時期は決めていない」。

校長は最近に長い漠然とした手紙をデアフィールド卒業生と父母に書いて、そこで「引退」という言葉をそれとなく使った。何百通の入念な感謝の手紙と何千ドルもの寄付が返ってきた。その返事で校長はお礼を述べ、引退する意思のないことを表明した。「できれば、三年間になすべきことが沢山ある」と彼は言う。「続けるに値する何かがあれば、それは続くものだと私は感じている。私は働き詰めだった。どれか一つの困難に集中するような余裕はなかった。私が作り上げようとしてきたのは一体感だ。ここでいつももっていたいと私が望むことは学校の柔軟性だ。我々は時代とともに進んできた。進路を大きく外れたことはない。この学校には永続感がある」。

彼は自身が一九〇六年にアカデミィについて書いたノートを驚きをもって手に取る。ノートはファイルされたまま六〇年間放置され、彼はその存在をすっかり忘れていた。「この学校の目的は人格の形成でなければならない。生徒各人がそれぞれにもっとも適したことをするのを助けることである」。彼は読み返す。「このことは田舎においてなされうる。なぜなら、比較的少人数の環境の中でこそ個人に合った仕事が可能となり、生徒と教師の関係はより親密になるからである」。

「悪くない」と彼は言う。「私はものごとの先を行っていたんじゃないかね？　自分にそんな力があるとは知らなかったな」。

訳者あとがき

訳者は一九五四年二月二一日から六月初めまで約三カ月、デアフィールド校で暮らした。目的は九月からのアーモスト大学での勉学のために英語力をつけることであったが、高校生とほとんど同じ生活をするという珍しい体験であった。

最も印象的であったのがボイドン校長であり、彼と学生生活の一部を日記のなかからいくつかを抜書きしてみよう。

【二月二四日】

それにしてもこれはたいへんな高校に来たものだ。イギリスのイートンかどこか、池田潔「自由と規律」岩波新書に出てくる学校があるがまさしくそれにならっているらしい。

先ず全寮制で生徒は各階に一〇―一五人が住み、それに一人ずつコーリダー・マスターというのが住み込む。これには大学を出たば

ボイドン校長
：Hanson Carrol 撮影

かりの若い教師があたり、家族持ちもいる。

ここの生活はまず七時まえに起床。七時一五分全員が一つのホールに集まって朝食。各テーブルには必ずテーブルマスターの先生がおり、生徒が交代でウェイターをつとめる。八時から授業が始まり、四〇分ずつ一一時四〇分までに五時限。ランチもみんなで集まる。

四五〇人あまりが一堂で食べるのはちょっと壮観だ。昼からもう二時限あり、それが終わると必ず何かのスポーツをとらなければならない。四時三〇分から五時三〇分まで自習。定められた部屋の机でする。六時夕食。夜はスポーツ対校試合があれば見学、誰かが来て話をすることもある。昨夜はデアフィールドの古い住人がスライドを見せながら町の歴史を話した。完備したホールがあって、週末に映画など見せる。七時から九時自習、これは寮の個室で。一一時消燈。マスターが見回りをする。

ボイドン校長がなんといっても印象的である。たしか八〇歳に近いはずだが眼がするどい。ちっともぼけてなどいない。生徒が集まるところには必ず彼がいて指揮をとる。日曜の夜にはシングという、賛美歌を歌い短い説教を聞く集いがある。これも校長の一声で歌が選ばれ、一堂の雰囲気がつくられる。ただ恵まれた国の学校とだけでは決してすまされぬ精神が、一目見ただけで迫ってくる。ボイドン校長からだ。

【三月八日】

生徒は校長のことをヘッドマスターもしくはミスター・ボイドンと呼ぶ。昨日の朝、ボイドン校長が特にシニア・クラスだけを朝食後呼び集めて、実に深刻な面もちで、「諸君のなかに厳禁のアルコールを密かにたしなむ者があるといううわさがひろくささやかれている。真実かどうか私は信じられないが、諸君が真実を知っているはずだ。探し出して放校処分にするのは私にとってやさしいことだ。けれども本当にこれを止めるのは諸君らの方である」という話をした。その話しぶりが実に魅力的なのである。弱弱しい声量と、小さな身体で、しかも厳しさと暖かさが聞く者をひきつけて離さない。不思議な人だ。

【三月一〇日】

ボイドン校長の時計はいつも五分進ませてある。八〇歳の老人がなお時間に先立とうとしている意欲はすごい。生活のすみずみまで情熱に裏付けられた心配りがあふれている。

【四月四日】

この間ジョンズ・ホプキンス大学の化学物理の教授が来て、原子と明日の世界といった話をした。例証がたくみでしかもユーモラスで、誠実な人柄の分かる話しぶりで大いによかった。ここ数年の間に宇宙旅行も夢でなくなるということがいきいきと語られた。ところで同じステージに八〇をすぎた校長が、高校生と同じように眼を輝かせて、決してもう自分は見ることのない次の宇宙次元の話にじっと聞き入っていた。話のあとでの挨拶で校長が一言「諸君がうらやましい。しっかり新しい時代に生きたまえ」とつけ加えた。この人の一生涯をかけた仕事と、最後まで変わらぬ情熱を燃やし続けているこの人の毎日が鮮やかに迫ってきた。

【四月二一日】

今週は木曜と金曜に他の学校へ出かけて野球の試合がある。食事の後ロビー・ミーティングというのがあって、その日の戦績をコーチが報告する。その呼びかけが、全部最初に「ミスター・ボイドン」と呼び掛けて報告する形式になっている。こういうところいかにもボイドン校長の独り学校という感じだがそれでいて、独裁者の横柄ぶりはちっともない。校長は自ら任じる野球狂で、試合の時はいつもベンチでDという頭文字のついた野球帽をかぶって選手を激励する。ミセス・ボイドンはスタンドで面倒なスコア・ブックをいちいちつける。

校長は野球に勝ったときはロビー・ミーティングでもニコニコとみずから報告する。今日も同じような報告を終わったところでコーチが手をあげて、エピソードを一つ付け加えて大笑いになった。それは「試合の最中、一塁牽制でみんながセーフと思ったのを、審判がアウトと宣告した。私はもちろんベンチから飛び出して審判に怒鳴りかけた。ところが私より早くベンチから飛び出して審判のところに迫った人がいる。それはボイドン校長で、しかも校長の手にはバットが握られていた」というのである。この思わぬ報告に校長はついテレた様子をし、生徒は大喜びだった。

【五月二六日】

夕方のミーティングで校長が、学年末の試験が終わっても「ドント ディストロイ ユア テクストブック」と大真面目に注意をしたのがおかしかった。この学校は教科書はただでくれることになっている。長い一年が終わるとなかにはバカなのがいて、教科書を全部持ちだして野原で焼いてしまう奴がいる。少々あきれてものがいえないが恵まれすぎてこういうことになるのは皮肉な話。

代数の先生はミセス・ボイドンである。非常にチャーミングな人であり、ずっとこの学校で教えているので三代目を教えることもある。「サム！ 君のお父さんもやっぱりここで間違えたよ。答えだけ暗記してはいけません。この子はまったく父親に似てる」などとおっしゃる。口癖は Think clearly. Analyze your problem. Step by step. など。

【五月二八日】

このところ卒業クラスのための行事が多い。この間は丘の上でピクニック。ステーキがでたが、今日は夕食が卒業クラスと先生たちだけの食事。日曜は卒業クラスのための礼拝がある。

マクフィー氏の描いたデアフィールド校はこの少しあとであるが、あまり変わっていないことに気づく。ボイドン校長が一生をかけて作り上げたひとつの教育機関のモデルといえよう。個人の努力と誠意がなしとげた最高のかたちではないか。教育者にはいろいろのタイプがあるが、ボイドン校長はそのうちでも稀なものであった。たった三カ月ではあったが校長の個性あふれる生き方に触れられた貴重な日々に感謝する。

なお、本書を出版するにあたり、同志社日米文化財団から助成を受けた。ここに記して感謝の意を伝えたい。

二〇一四年　夏

藤倉皓一郎

著者紹介
ジョン・マクフィー
1931 年生まれ。文筆家。プリンストン高校卒業後、デアフィールド校で一年を過ごし、プリンストン大学に入学。ピューリツァー・ノン・フィクション賞受賞（1999 年）。

訳者紹介
藤倉皓一郎（ふじくら　こういちろう）
東京大学名誉教授。

ボイドン校長物語
アメリカン・プレップスクールの名物校長伝

2014 年 10 月 30 日　初版第 1 刷発行　（定価はカヴァーに表示してあります）

訳　者　藤倉皓一郎
発行者　中西健夫
発行所　株式会社ナカニシヤ出版
〒 606-8161　京都市左京区一乗寺木ノ本町 15 番地
Telephone　075-723-0111
Facsimile　075-723-0095
Website　http://www.nakanishiya.co.jp/
E-mail　iihon-ippai@nakanishiya.co.jp
郵便振替　01030-0-13128

装幀＝白沢　正／印刷・製本＝ファインワークス

Printed in Japan.
ISBN978-4-7795-0889-9　C1037

The Headmaster: Frank L. Boyden, of Deerfield
by John McPhee

教師のための情報リテラシー

知識基盤社会を生き抜く力を育てるために　**舟生日出男**［編］

子どもたちの情報活用能力を育成するために情報活用能力を普段より一歩踏み込んで考える、未来に向けた教職課程向けテキスト。　1800 円 + 税

協同学習入門

基本の理解と 51 の工夫　**杉江修治**［著］

協同の原理をしっかり踏まえた学級経営により、子どもの動きがみるみる変わる！　真の効果を生み出すための理論と方法を具体的に紹介。　2400 円 + 税

完全な人間を目指さなくてもよい理由

遺伝子操作とエンハンスメントの倫理　**M. サンデル**［著］／**林 芳紀・伊吹友秀**［訳］

話題の政治哲学者が、遺伝子操作やドーピングなど医学的手段による能力向上がはらむ倫理的問題について「贈られものとしての生」という洞察から熱く真摯に語った、人間とテクノロジーについて考える上で必読の一冊。　1800 円 + 税

素顔の山中伸弥

記者が追った 2500 日　**毎日新聞科学環境部**［著］

ノーベル賞の舞台裏と iPS 細胞研究の最前線に密着した迫真のドキュメント。山中さんの素顔と研究の今後に迫る！　1800 円 + 税

シロアリと生きる

よそものが出会った水俣　**池田理知子**［著］

震災後、著者が自らの研究フィールドでもある水俣に生活拠点《エコハウス》をつくるなかで、消費社会がもたらしたさまざまな矛盾と出会う――住まうという身近な事柄から「共生とは何か」という問いへと読者を誘い、その意味をともに考えていく珠玉のエッセイ。　2000 円 + 税

ゆとり京大生の大学論

教員のホンネ、学生のギモン

安達千李・新井翔太・大久保杏奈・竹内彩帆・萩原広道・柳田真弘［編］

学生たち自らが、大学教育とは何か、教養教育とは何かを問い議論した読者を対話に誘う白熱の大学論！**主な寄稿者**：益川敏英・河合 潤・佐伯啓思・酒井 敏・阪上雅昭・菅原和孝・杉原真晃・高橋由典・戸田剛文・橋本 勝・毛利嘉孝・山極壽一・山根 寛・吉川左紀子他　1500 円 + 税